# Qui connaît Fabien Roussel ?

Raphaël Enthoven

# Qui connaît Fabien Roussel ?

Éditions de
L'Observatoire

ISBN : 979-10-329-2583-6
Dépôt légal : 2022, mars

170 bis, boulevard du Montparnasse, 75014 Paris

*À la mémoire de Bernard L.*

# Introduction

On n'a pas tous les jours l'occasion d'entrer dans une cathédrale. Et une cathédrale de Niemeyer. Au cœur du royaume que des années d'anticommunisme de gauche vous ont appris à détester sans le connaître. Assis d'abord à la terrasse d'un café, contraint de contempler d'en bas ce drapeau de béton, je songe à toutes les histoires de mon enfance où Georges Marchais tenait le rôle du vampire, aux films de Clint Eastwood et de George Lucas, à *La Ferme des animaux* d'Orwell, aux centaines de disputes qui ont émaillé mon amitié avec Morgane, au jour de mon quatorzième anniversaire où j'assistai, stupéfait, à la chute du mur de Berlin et la disparition de l'empire... Je songe surtout au fait que, quelques années plus tôt, l'intransigeance républicaine eût semblé théâtrale et inutile au libéral que j'étais. Qu'un candidat de gauche viscéralement attaché à l'État de droit m'eût paru au mieux une banalité. Et qu'il faut bien que les choses aient changé pour que le communiste républicain patriote Fabien Roussel éveille en moi la sympathie qu'en d'autres temps j'éprouvais pour de grands hommes intègres, comme Michel Rocard ou Lionel Jospin. Est-ce moi qui ai changé ? Faut-il craindre que la liberté disparaisse pour me sentir dans la même tranchée que le premier des communistes, parce qu'il défend la science, l'universalisme et la République ? Une telle entente, tellement inattendue, résiste-t-elle à l'exposé de nos désaccords ? Sommes-nous dans le même camp parce que nous sommes dans la même tranchée ? Ou est-ce l'adversité commune d'une gauche démissionnaire et d'une extrême droite virulente qui nous allie temporairement ? On verra bien...

Avec la pudeur d'un touriste au cœur d'une basilique et l'arrogance d'un bien-pensant qui s'encanaille, après avoir arpenté la dalle bétonnée du Colonel-Fabien, j'ai descendu les quelques marches grises qui conduisaient au Saint des saints, où l'on entre par le sous-sol. « Ah, il n'est pas encore là, il arrive, Fabien ! » Bien. J'attends. Sur un fauteuil de cuir noir étonnamment bas, qui paraît écrasé par le plafond, tandis qu'autour de moi s'affaire une équipe de tournage. « Comment ça va ? » L'homme est cordial et tutoie chacun. L'ascenseur est rapide. C'est à grands pas que nous entrons dans un bureau orné d'affiches et de caricatures. « Un café ? Je vous le fais avec amour ! » Je suis trop bien élevé pour refuser quelque chose qui me fait plaisir. Et nous profitons du Nespresso pour contempler la dalle où Niemeyer a subtilement dessiné une faucille géante.

« On y va ? »

Est-on toujours révolutionnaire quand on considère que les personnes l'emportent sur les idées ? Peut-on parler de « violences policières » ou bien de « violences dans la police » ? La sincérité d'un candidat peut-elle surmonter le poids d'une étiquette ? Comment conjurer l'alliance du nationalisme et de la défense du prolétariat ? Quelle est la différence entre le « peuple » et la « masse » ? Peut-on être communiste et défendre les petits entrepreneurs ? Que répondre à ceux qui soupçonnent Fabien Roussel de racisme parce qu'il défend la bonne bouffe ? Les enjeux sociétaux doivent-ils avoir le dessus sur les enjeux sociaux, ou bien l'intersectionnalité est-elle un danger pour une gauche populaire ? Faut-il autoriser ceux qui le souhaitent à travailler au-delà de 60 ans ? Le voile islamique est-il un problème en République ? Pourquoi s'est-il abstenu de voter en faveur de la loi confortant les principes républicains ? Quel drapeau l'emporte en lui, le drapeau rouge ou le drapeau tricolore ? Le syndicalisme est-il en guerre contre les patrons ? Comment peut-il défendre l'universalisme, inviter les amis de *Charlie Hebdo* place du Colonel-Fabien, et soutenir Assa Traoré ? Pourquoi n'emploie-t-il jamais le mot « islamophobie » ? Le féminisme est-il à ses yeux le combat des femmes ou l'affaire de tous ? La situation des Palestiniens en Israël lui paraît-elle comparable à l'apartheid ? Comment lutter contre les antivax sans imposer le vaccin ? Est-il de gauche, enfin, de penser que le plaisir est de gauche ?

À vous de voir...

## *Communiste ?*

Raphaël Enthoven : J'ai mauvaise grâce à commencer ces entretiens en vous reprochant ce que vous n'avez pas dit, mais tout de même : comment se fait-il que, lors de votre meeting du 6 février, à Marseille, vous n'ayez pas prononcé une seule fois le mot « communiste » ?

Fabien Roussel : Faux, parce que j'y suis attaché.

R.E. : Vous dites « coco » en parlant de vous-même, mais ça ne va pas plus loin.

F.R. : Ce n'est pas la peine que je dise d'où je viens, ni qui je suis. Chaque fois que je suis interrogé, sur toutes les chaînes d'information, il y a le gros bandeau : « le candidat communiste », « le candidat du PCF », « Roussel le communiste ». Donc ça va ! L'étiquette m'est collée tous les jours sur le front, je n'ai pas besoin d'en rajouter.

R.E. : « Nous ne voyons pas les choses mêmes, dit Bergson. Nous voyons seulement les étiquettes qu'on a collées sur elles. » Une telle tendance, si répandue, n'explique-t-elle pas le fait que vous peiniez, pour l'heure, à convertir en suffrages l'incontestable élan de sympathie que vous suscitez dans l'opinion publique ? Que répondez-vous, que dites-vous à ceux qui disent : « J'aime bien Roussel, mais je ne vote pas communiste » ?

F.R. : D'abord, on va attendre avant de dire que ça peine à être converti en suffrages. Et ensuite, je ressens une chose que je n'avais pas imaginée à ce point : une élection présidentielle est inséparable de la personne du candidat, de ce qu'elle incarne et de ce qu'elle renvoie en termes de sincérité et d'authenticité. Je savais qu'une élection présidentielle, selon les bons mots du général de Gaulle, c'était la rencontre entre un homme et le peuple...

R.E. : « Le peuple » ou « un peuple » ?

F.R. : Vous chipotez !

R.E. : Pas sûr. On en reparlera.

F.R. : En tout cas, pour quelqu'un comme moi, issu d'une formation politique où on rejette le présidentialisme, où on veut redonner le pouvoir au Parlement et défendre des idées plutôt qu'une personne, il y a quelque chose de passionnant à comprendre ce besoin de faire corps, humainement, avec les gens qu'on a envie de représenter et à qui on a envie de ressembler le plus possible. Et donc, je me jette pleinement dans cette expérience-là. Et puis il est vrai que je suis élu d'une commune du Nord, Saint-Amand-les-Eaux, dans un territoire semi-urbain, semi-rural, une station thermale avec un concours hippique vieux de deux siècles, où la bourgeoisie lilloise aime séjourner, où les gens viennent passer leurs vacances... Les gens, là-bas, quand ils votent pour Alain Bocquet, le maire, ou quand ils votent pour moi, ils ne votent pas communiste. Ils votent pour la personne qui les représente le mieux, dont ils sont fiers. Eh bien, j'avoue que, jusqu'à présent, je pensais que ça, c'était propre à une élection locale. Je vois maintenant combien c'est la même chose à l'échelle nationale. Localement, les gens, on les touche, on les rencontre dans les cafés, dans les bistrots, dans les assemblées générales, ce qui semble impossible à l'échelle d'un pays ! Pourtant, c'est le cas. Ce qu'on dégage dans des émissions, dans des meetings, est au moins aussi important que ce qu'on dit. Les gens votent pour une personne autant que pour des idées. C'est aussi de cette manière que j'espère triompher de l'étiquette.

R.E. : Justement. Restons sur l'alternative des idées ou de la personne : à quelle vertu attribuez-vous le succès d'estime qui est le vôtre aujourd'hui ? À une sincérité (dont nul ne doute) ou au fait qu'on n'a pas entendu parler comme ça à gauche depuis un certain temps ? À la franchise, ou bien au fait que vous mettez vos pieds républicains dans le plat à l'heure où la gauche est hantée par le communautarisme ?

F.R. : C'est sûr qu'en faisant le choix d'aller à cette élection présidentielle et d'aller sur des terrains abandonnés par la gauche, je surprends.

R.E. : À quel thème pensez-vous ? La sécurité ?

F.R. : La sécurité. La tranquillité publique. Le fait de dire que la menace terroriste vient de forces et de réseaux islamistes, qui ont un projet politique. Le fait de dire, sur un autre terrain, que la question énergétique est fondamentale, structurante. Et puis le fait de parler de manière inconditionnelle de la France du travail et des salaires, et de vouloir sortir la France des minima sociaux et des allocations chômage.

R.E. : Vous défendez la France du revenu universel ?

F.R. : Non. Je défends la France du travail universel, de l'emploi universel. Là aussi, c'est une grande différence avec les autres forces de gauche. Et je regrette que la gauche n'ait pas pris ces chemins-là ces dernières années et qu'elle se soit embourbée dans les théories de gens qui se croient supérieurs à tout le monde, dans les conseils des donneurs de leçons bien-pensants... Car il est bien facile, pour ceux qui ont tout, de dire à ceux qui n'ont rien ce qu'il faut faire, comment ils doivent manger, se déplacer, se vêtir, se loger, etc. Moi, je prends de face la question sociale. Et je refuse d'opposer social et sociétal, comme s'il y avait un degré de priorité. Qu'est-ce qu'on met derrière le sociétal ? La lutte contre le racisme ? On doit s'en emparer. Des millions de gens subissent le racisme, l'antisémitisme, les discriminations. Je ne vais pas reléguer ça au second plan parce que je représente la France du travail. Ça n'aurait aucun sens. Car le travail, je le prends aussi sous cet angle-là. Pendant la pandémie, les travailleurs immigrés, les médecins, les éboueurs étrangers : heureusement qu'on les a eus. Heureusement qu'on est ensemble. Moi, je viens des mines du Nord-Pas-de-Calais et, là-bas, il y avait 29 nationalités qui travaillaient ensemble, et qui travaillaient bien. C'était dur, mais ils étaient solidaires. Et quand ils sortaient de la mine, ils allaient boire des coups ensemble et c'étaient leurs épouses qui venaient les chercher au bar, au café, parce qu'ils dépensaient la paye.

R.E. : On connaît tous les caricatures de l'époque : « Malheur ! La paye est bue ! », etc.

F.R. : Polonais, Marocains, Français et Italiens... Ils étaient frères, et aujourd'hui on a les mêmes ! Avec le chirurgien syrien, l'infirmière tunisienne, l'aide-soignante française ou le radiologue français qui sont frères et sœurs dans les hôpitaux ! On a les mêmes dans l'industrie automobile qui travaillent chez moi, à la chaîne. On a les mêmes et ils sont frères et sœurs de travail. Et moi, je défends les mêmes droits pour tous. Donc je ne hiérarchise pas entre social et sociétal.

R.E. : Qu'est-ce que le communiste que vous êtes répond à ceux qui continuent de présenter la sécurité, en communistes qu'ils sont aussi, comme un alibi d'une superstructure bourgeoise destinée à affermir la supériorité d'une classe sur une autre ? Que répondez-vous à ceux qui voient l'État comme le bras armé de l'ordre établi, sous l'alibi de la sécurité ? Que dites-vous à ceux de vos camarades qui, tout en se disant communistes et parce qu'ils se disaient communistes au moment des attentats de *Charlie Hebdo*, disaient aussi : « Non, nous ne sommes pas policiers. Nous sommes désolés que des policiers soient morts, mais nous ne sommes pas policiers » ?

Que répondez-vous, en un mot, à ceux qui, au nom même de leur héritage et d'une tradition qui est la leur et la vôtre, considèrent que la sécurité, c'est d'abord un truc de bourgeois ?

F.R. : Il y en a peut-être qui le disent, mais je ne les entends pas. Je vous assure, ce n'est pas quelque chose que j'entends parmi les élus communistes. Et vous pouvez interroger des maires communistes qui sont sur le terrain et qui se battent, comme mon ami Philippe Rio, maire de Grigny, champion du monde des maires[1], qui se bat pour qu'on mette des moyens dans son commissariat. J'ai été à Champigny faire un meeting au Bois-l'Abbé, dans un commissariat qui a été attaqué... Les élus communistes, comme tous les autres, savent bien qu'ils sont confrontés à de vrais sujets d'ordre public, de sécurité, et ils ont besoin qu'on renforce ces moyens-là. Nous avons vécu à l'occasion des Gilets jaunes une politique d'État de Macron très dure, antisociale, qui fait mal au porte-monnaie des retraités, des salariés et des petits. Et quand le gouvernement applique une politique très dure, il a besoin de la police pour réprimer la colère du peuple. Il est naturel que la police soit mal vue

1. Philippe Rio a effectivement été désigné « meilleur maire du monde », le 15 septembre 2021, par la City Mayors Foundation.

dans ce cadre-là. Et c'est pour ça que moi, chaque fois, je disais : « Ce ne sont pas les policiers qui sont en cause, c'est une politique qui fait du mal au peuple et qui, pour pouvoir se faire respecter, envoie la police. »

R.E. : Que vous inspire le dialogue entre Jean-Luc Mélenchon et Yannick Landurain, policier de la BAC du 93, avec cette sortie du candidat contre « cette police-là ! Cette police violente. Cette police qui a éborgné 32 personnes sans qu'il y ait un seul coupable. Cette police qui a tué une femme qui était au quatrième étage à Marseille, cette police qui fait ce qu'elle veut, quand elle veut... La police est aux ordres de la Nation. Aux ordres ! Ce n'est pas elle qui en donne. Et ce genre d'activité, comme on en voit sans arrêt, est insupportable. Si je suis élu, vous obéirez ! ».

F.R. : D'abord, je ne parlerai jamais comme ça aux forces de l'ordre. Je suis élu local, je travaille avec le commissaire et le commandant du commissariat de Saint-Amand-les-Eaux. Je connais les policiers, qui font leur travail, je connais les gendarmes, j'ai une circonscription rurale et je vois dans quelles conditions ils doivent exécuter leur mission. Et c'est difficile. Jamais je ne leur parlerai comme ça, jamais.

J'ai conscience, cela dit, qu'il existe des violences policières.

R.E. : Vous diriez « violences policières » ou « violences dans la police » ?

F.R. : Violences dans la police...

R.E. : La précision est importante. L'expression de « violences policières » est sujette à caution car elle met sur le même plan les abus de pouvoir et l'exercice légitime de la violence. Or, si la police commet parfois des violences, certaines sont légitimes et exigées par les circonstances ; toutes ne méritent pas, tant s'en faut, qu'on les appelle « violences policières ».

F.R. : Franchement, vous êtes très attaché aux mots et vous avez raison. Moi, je dis qu'il en existe.

R.E. : Certes. Mais c'est comme dire « racisme policier » ou bien « racisme dans la police ». Ce n'est pas la même chose.

F.R. : Il y a du racisme dans la police, il y a des violences policières, elles existent. Et c'est pour cela que je préfère mettre en cause la responsabilité de la hiérarchie, le manque de formation, le besoin de rappeler des règles, le besoin d'une IGPN indépendante pour que l'on renoue un lien de confiance qui a pu se distendre entre la population et la police. Et encore, je ne pense pas qu'il soit si distendu que cela avec la population, mais en tout cas entre les jeunes et la police. Et cela, c'est un sujet de préoccupation. Je voudrais reconstruire une police républicaine au service de la paix sociale, et non au service de la répression. Mais pour cela, on doit donner à cette police les moyens de bien exécuter ses missions. C'est pour ça que je parle beaucoup de la police de proximité. Ça, c'est pour le quotidien. Et je mets beaucoup l'accent aussi sur les moyens d'enquête. Pour déjouer les trafics, je mets la question sur les moyens de la justice et je ne veux surtout pas nous opposer avec la police. On a besoin de juges d'instruction. On a besoin de beaucoup plus de greffiers et de magistrats pour pouvoir juger et exécuter les peines. Bref, c'est un tout.

R.E. : Pourquoi avez-vous participé au rassemblement des syndicats de policiers, le 19 mai 2021, alors que nombre de vos amis avaient (à tort ou à raison) le sentiment que ce rassemblement était instrumentalisé par le bord d'en face ?

F.R. : Certains à gauche me reprochent cela.

R.E. : Vous regrettez d'y être allé ?

F.R. : Pas du tout. J'ai été interpellé en tant que député par des policiers de ma circonscription, meurtris, choqués par les deux drames qui étaient intervenus à quelques jours d'intervalle. Deux policiers morts, sauvagement tués. Cela avait suscité dans la profession et dans la population une immense émotion. Les gens m'ont dit : « Monsieur Roussel, il y a une grande marche. Il va y avoir un grand rassemblement. Tout le monde va être là-bas, tous les syndicats, tous unis, et on voudrait que tous les politiques soient là. J'espère que vous serez là. Soyez avec nous. » Comment ne pas entendre ça ? J'y suis allé avec la sincérité d'un élu de terrain qui veut aussi coller à une émotion. Ce qui s'est passé sur place, c'est tout autre chose. Cette manifestation a été détournée par un syndicat, le syndicat Alliance. Un syndicat qui a utilisé cette émotion pour faire un discours extrêmement politique et dur, contre la justice du pays. Un discours antirépublicain, mettant en cause l'institution judiciaire, son indépendance même. Si c'était le syndicat Alliance qui dirigeait le pays, il mettrait une justice à leur botte et au service de leurs objectifs politiques. Ce n'est pas une justice indépendante. La République impose d'avoir une justice indépendante. Et les autres syndicats qui étaient présents à cette manifestation – je les revois en haut du podium – et qui ont pris la parole après le syndicat Alliance ont tenu un tout autre discours, beaucoup plus respectueux des institutions, qui n'attaquait pas la justice, mais insistait sur le profond manque de moyens et sur le besoin que police et justice travaillent plus ensemble. C'était un discours plus républicain, que je partage avec eux, avec bien sûr des nuances que je ferais ici et là. Je les ai reçus, ces syndicats, ensuite. Et ils m'ont dit une chose (c'est pour ça que je ne regrette pas ma présence), les yeux dans les yeux : « Merci, monsieur Roussel, d'être venu. Merci de ne pas nous laisser en tête à tête avec la droite et l'extrême droite. Heureusement qu'il y a une personne à gauche qui nous parle et qui nous écoute. » On n'est pas d'accord sur tout. On peut même s'engueuler, mais c'est encore une façon de se parler, non ?

R.E. : Je change de sujet. Il existe une page fameuse dans *Germinal* où les patrons, décidant de casser la grève, font venir des Borains, de Belgique. Que vous inspire la scène incroyable où le Maheu, notamment, et d'autres ouvriers sont sur le bord de la route et voient passer les Borains en disant (de mémoire) : « C'est quand même pas des étrangers qui vont venir nous prendre notre travail » ? Comment comprenez-vous, à la lumière de cet extrait, dans le siècle qui a suivi, la tentation parfois d'une alliance entre la défense des droits sociaux et le maintien des frontières, le nationalisme étroit ?

F.R. : Ce que je retiens, c'est que les patrons des Charbonnages de France à l'époque, comme ceux d'aujourd'hui, aiment bien mettre les travailleurs en conflit avec eux-mêmes, en concurrence et en conflit entre eux. C'était valable à l'époque de *Germinal*, et...

R.E. : ... et ça l'est toujours à l'époque de l'Union européenne. Vous diriez ça ?

F.R. : Que ce soit avec le fameux plombier polonais dont on a beaucoup parlé en 2004-2005, à l'époque du traité constitutionnel européen, ou que ce soit aujourd'hui, quand je vois l'usine Bridgestone de Béthune fermer pour aller en Hongrie, membre de l'Union européenne, et s'installer là-bas avec des subventions de la Commission européenne. Eh bien, c'est cela qui nous tue. C'est cela qui crée du racisme. C'est cela qui crée du nationalisme. Alors qu'il y a du travail pour tout le monde en Hongrie, en Pologne et en France et que l'on doit défendre et respecter les droits sociaux de chaque travailleur.

R.E. : En 2017, feu le Front national était le premier parti ouvrier de France.

F.R. : Le premier parti ouvrier de France était le parti abstentionniste.

R.E. : Oui, mais ce n'est pas un parti. L'abstention est trop disparate dans ses motifs pour constituer une force politique.

F.R. : Reste que le premier drame du monde du travail, du monde ouvrier, c'est de s'abstenir. Et la gauche porte une lourde responsabilité dans cette abstention.

R.E. : Comment expliquez-vous l'abstention des classes populaires ?

F.R. : Par le fait que, quand la gauche était au pouvoir, elle a tourné le dos aux aspirations populaires. Elle a renoncé et trahi. Je me souviens de cette phrase de Mauroy : « Lionel, quand je regarde ton programme, je n'y vois ni les ouvriers ni les travailleurs. Ce ne sont pourtant pas des gros mots... », pendant la campagne de Jospin de 2001. Il avait les pieds dans la glaise, Pierre Mauroy, il connaissait le terrain. Cessons ces débats qui ont lieu encore aujourd'hui à gauche. Et d'ailleurs, ces débats ont été théorisés par Terra Nova, ce fameux think tank qui a dit en substance que la France allait rester sans usines et que ce n'était plus la peine de s'occuper des ouvriers vu qu'ils ne votaient pas. Honteux. Honte à eux. Ils portent eux aussi cette responsabilité[1]. Ensuite, il y a le traité constitutionnel de 2005. Pour moi, il est fondamental.

R.E. : Par le déni de démocratie qui, à vos yeux, a suivi ? Le traité de Lisbonne et sa ratification par voie parlementaire en 2007, pour contourner les effets du non au TCE ?

F.R. : Oui, et par la mauvaise analyse que nous en avons faite.

R.E. : Vous étiez pour le non ?

F.R. : Bien sûr ! Nous avons fait campagne pour le non. Je me souviens des porte-à-porte que j'ai faits dans mon Nord, dans des quartiers ouvriers populaires et je me souviens de ceux qui disaient : « Mais c'est compliqué, ce n'est pas une affaire du peuple. Il n'aurait jamais fallu organiser de référendum. » Eh bien, moi, je remercie Chirac de l'avoir fait. « C'est un traité européen. Laissez-nous faire, ne vous en occupez pas... » et le peuple s'en est saisi. Et le peuple a senti que derrière ce traité constitutionnel il y avait une entourloupe et que, oui, nous allions perdre une

1. Aux yeux de ses détracteurs, la fondation Terra Nova recommanderait à la gauche, dans un rapport de mai 2011, de renoncer aux classes populaires et au vote ouvrier, au profit de la jeunesse.

part de notre souveraineté, une part de notre souveraineté dans les choix économiques qu'un pays doit pouvoir faire !

R.E. : J'entends ce que vous dites, et je l'entends d'autant mieux que, de mon côté, je faisais ardemment campagne pour le oui en faisant du porte-à-porte, moi aussi, pour expliquer aux gens que, sans être parfait, un tel traité constituait une remarquable amélioration... Mais ce qui me frappait à l'époque, c'était l'émergence d'alliances inédites qui transcendaient le clivage droite-gauche au profit d'un clivage entre souverainistes et libéraux, où l'on trouvait Chevènement et Pasqua dans le même camp, face à Juppé...

F.R. : Mais bien sûr.

R.E. : Comment comprenez-vous la façon dont le paysage s'est redessiné à la lumière des grands débats sur le traité de Maastricht, puis sur le traité constitutionnel européen ?

F.R. : Il est vrai qu'il y a eu des hommes de droite – je pense à Philippe Séguin, notamment, qui s'est battu contre ce nouveau traité – avec qui on pouvait presque se rejoindre.

R.E. : C'était ma question.

F.R. : Mais je suis fier du choix que nous avons fait, assumé, en 1992.

R.E. : Vous étiez contre la monnaie unique ?

F.R. : Contre ce traité, contre le traité de Maastricht, contre la monnaie unique, contre ce choix de ce traité économique de 1992. Et, en 2005, nous avons bataillé contre ce traité constitutionnel avec plein d'arguments justes. Et je dirais que nous avons gagné, nous avons gagné tous ensemble, mais il n'y avait pas que nous qui faisions bataille contre ce traité. Il y avait aussi l'extrême droite. L'erreur que nous avons commise, c'est que nous n'avons pas voulu porter l'aspiration du peuple français à retrouver sa souveraineté. Dans nos choix économiques notamment. Parce que les mots « souveraineté » et « nation », c'est comme si nous n'avions pas le droit de les employer, comme s'ils avaient été la propriété de l'extrême droite. Je le regrette et je dis que la question de la souveraineté démocratique d'un pays, la question de la nation, sont des thèmes importants auxquels le peuple est attaché. Et que je veux défendre comme vous, que je veux défendre sincèrement parce que les révolutionnaires de 1789 les défendaient eux-mêmes et y ont mis les plus beaux contenus.

R.E. : Justement, quelle est votre définition de la nation ? Dans sa conférence « Qu'est-ce qu'une nation ? », Ernest Renan dit que ce n'est ni la dynastie, ni le fait de la race, ni l'ethnographie, ni la géographie, ni la langue, ni la religion, ni la communauté d'intérêts, ni la frontière qui font une nation, mais qu'une nation est un « principe spirituel, une famille spirituelle, non un groupe déterminé par la configuration du sol ». Une nation est une âme, dit-il, constituée par deux choses : l'une est dans le passé, l'autre dans le présent. L'une est la possession en commun d'un riche legs de souvenirs ; l'autre est le consentement actuel, le désir de vivre ensemble, la volonté de continuer à faire valoir l'héritage qu'on a reçu... Je ne connais pas mieux. Mais si vous aviez vous-même une définition de la nation qui lui permît d'échapper au discours nationaliste, quelle serait-elle ?

F.R. : Une nation pour moi, c'est un peuple. C'est une histoire et ce sont des conquêtes.

R.E. : Des conquêtes ?

F.R. : Des conquêtes sociales ! Qui font la force de notre pays et qui font qu'on se sent membre du peuple français. Nous avons réussi à abolir la monarchie ! Et à construire une République ! Petit à petit, nous avons réussi à nous libérer du nazisme. Difficilement, et nous n'étions pas nombreux au début. Et cette libération, cette résistance, s'est construite. Ce que nous avons accompli là est fondateur. Ce sont deux grands moments pour moi, l'abolition de la monarchie, la libération de la France du nazisme : ce sont deux temps forts qui fondent la nation française d'aujourd'hui.

R.E. : Vous diriez en ce sens que vous êtes fier d'être français ?

F.R. : Fier d'être français, issu de ce peuple qui s'est construit pour le meilleur, qui a eu des zones d'ombre et qui a réussi à en faire jaillir la lumière. Malgré tout. Ce peuple est divers. C'est le même qui met le monde du travail dans la rue et gagne d'immenses conquêtes sociales en 1936 (à commencer par les congés payés, qui ne figuraient pas au programme du Front populaire) avant, trois ans plus tard, de souhaiter que Pétain soit au pouvoir, puis d'acclamer le général de Gaulle en 1945...

R.E. : Souvenez-vous du *Mot de Cambronne* de Sacha Guitry :

> « Ainsi, l'histoire – à quoi ça rime ! –
> Et comment voulez-vous que je m'y reconnaisse,
> Quand depuis ma jeunesse
> Cinq fois déjà la France a changé de régime !

En 1790, on nous a dit : “Les Rois de France
Exemples de bonté, modèles de vaillance,
Furent des hommes sans défaut !”
Et nous avons crié : “Vive les rois de France !”
Trois ans plus tard, on nous a dit que c’était faux
Que nous leur devions nos souffrances,
Et qu’ils n’avaient que des défauts !
Et nous avons crié : “À bas, le Roi de France !”
On nous a dit : “Ce qu’il nous faut,
À nous, Peuple français, c’est une République !”
Alors on a crié : “Vive la République !”
Mais voilà que, cinq ans plus tard, ça se complique
Et change encore. On nous explique :
“Très grande erreur,
La République, c’est le pire !
Ce qu’il nous faut, c’est un Empire !”
Sans nous faire prier,
Nous avons tous alors crié :
“Oui, vive l’Empereur !”
En 1814, on nous a fait comprendre
Que les Bourbons
Avaient du bon
Et, mon Dieu, qu’à tout prendre
En un tel désarroi
Ça valait mieux encor.
Alors,
Nous avons de nouveau crié : “Vive le Roi”... »

F.R. : Eh bien, oui, c'est le même peuple ! Et c'est aussi le peuple des « trente glorieuses » ! Moi, ce peuple, je le prends tout entier. Et c'est cela qui fait ma force ! Je le prends tout entier tel qu'il est : salariés, agriculteurs, commerçants, paysans... Et avec aussi des Missak Manouchian[1].

R.E. : Très bien. Mais ça pose des problèmes. Si vous dites : « Je prends le peuple tout entier », ça veut dire que, objectivement, vous le prenez dans sa diversité, dans sa disparité, dans ses contradictions, dans ses désaccords aussi, dans ses différentes façons d'être patriote. Par exemple, il y a des gens qui en France considèrent qu'ils sont patriotes à la façon d'Éric Zemmour ou de Marine Le Pen. Parce qu'à leurs yeux, la France avant tout, « surtout », c'est la France ! Et qui rêvent d'un roman national dont les pages sombres soient arrachées. Il y en a d'autres qui sont patriotes (c'est plutôt mon cas) parce qu'ils sont républicains, et qu'ils identifient la France à ce ciel républicain merveilleux qui leur paraît la panacée en termes de régime commun... Si vous dites que vous prenez « le peuple tout entier », alors vous n'êtes ni populiste ni révolutionnaire.

1. Poète et résistant arménien qui entre dans la Résistance en 1941, après la rupture du pacte germano-soviétique. Héros d'une résistance armée, il meurt avec 22 de ses camarades de l'Affiche rouge.

Vous n'êtes pas populiste dans la mesure où vous ne faites pas la différence entre le « peuple » et la « masse » des gens qui pensent comme vous. Ce qui est excellent. Mais vous n'êtes pas non plus révolutionnaire, car le respect des contradictions perpétuelles l'emporte chez vous sur la volonté d'unanimité.

F.R. : Être marxiste, c'est être aussi dialectique ; et prendre la société dans son mouvement. Dans les évolutions que l'on peut construire, dans les combats que l'on peut mener, dans les rapports de force au sein même du peuple, et moi, c'est ça que je prends. Le constat des différences n'entame pas l'espoir d'un progrès.

R.E. : Si vous aspirez à la fonction, à la magistrature suprême, c'est aussi pour être le président des gens qui n'auront pas voté pour vous.

F.R. : C'est comme à l'image d'une famille. Je suis issu d'une famille nombreuse, ma mère est l'enfant d'une famille de neuf enfants. Sa mère était institutrice, elle a arrêté très tôt, et son père, mort jeune, a été membre des Croix-de-Feu[1].

1. Les Croix-de-Feu sont à l'origine un mouvement d'anciens combattants français de la Grande Guerre qui se transforme ensuite en organisation politique nationaliste, dirigée par le colonel François de La Rocque. Dissoute en 1936 par le gouvernement du Front populaire, l'association est remplacée par le Parti social français.

R.E. : Votre grand-père ?

F.R. : Oui, que je n'ai pas connu. Et ses enfants, mes tontons, mes tatas, étaient membres du Parti communiste au lendemain de la guerre. Ils ont reconstruit la France. Je suis né dans ce climat. C'était la campagne, c'étaient les champs, une famille communiste, un père à la Sécu, une mère employée de banque, obligée d'arrêter l'école à 15 ans, à la mort de son père, pour s'occuper des petits frères et petites sœurs. C'est cette hétérogénéité de destins qui me fait aimer la France dans sa diversité, parce que tout le monde ne pense pas pareil et tout le monde n'a pas le même parcours. Tout le monde ne vient pas du même endroit, et l'on doit pouvoir faire grandir tout le monde en même temps. Rien n'est plus difficile. Je ne crois pas au sauveur suprême.

R.E. : Iriez-vous jusqu'à dire, dans le sillage de ce progressisme à grands pas (ou à petits pas ou, en tout cas, d'un progressisme progressif), comme Manuel Valls, alors Premier ministre, dans un discours fameux à l'université d'été du Medef en 2014, que vous « aimez l'entreprise » ?

F.R. : Mais bien sûr ! Quand je parle du peuple, je cite les entrepreneurs, les petits patrons, ces PME qui sont devenues aujourd'hui les nouvelles variables d'ajustement des donneurs d'ordre des multinationales qui, elles, sont dirigées par des avocats fiscalistes, par des fonds de pension qui n'ont d'autre intérêt que les logiques de court terme, et qui ne cherchent pas à répondre aux besoins de la société. Je parle de ces petits patrons qui souffrent, mais aussi des patrons de PME importantes qui travaillent dans le ferroviaire, dans l'automobile, qui sont sous-traitants, et qui subissent les effets de la mondialisation. Tous, nous avons la même envie d'être utiles au pays. On veut trouver de bonnes solutions, et on est en butte à des logiques qui nous surplombent. Comme si on ne pouvait pas reprendre la main sur des choix économiques ! La question de la souveraineté économique, de la maîtrise de nos choix économiques, est une question indispensable, incontournable, et qui engage tout le monde.

R.E. : Mais à l'intérieur de ça, quelqu'un qui monterait sa PME, par exemple, qui trouverait de la clientèle, qui ferait du bénéfice, qui développerait son emploi, qui embaucherait... Est-ce que cela vous paraît un modèle souhaitable ?

F.R. : Une telle personne doit même être accompagnée par l'État, dans ces choix, parce qu'elle investit en France, parce qu'elle crée des emplois en France, parce qu'elle forme, elle embauche, elle augmente les salaires. Elle pourrait même investir à l'étranger dans le cadre de coopération avec d'autres pays ! Je connais une petite entreprise, une coiffeuse, qui me dit : « Tu parles toujours des dividendes, tu dis qu'il faut taxer les dividendes. Mais tu sais, moi, j'ai un petit commerce, et donc, les dividendes que j'ai souvent à la fin de l'année, c'est ce qui me permet de me verser un treizième mois. » Eh bien, elle a mille fois raison. Ce n'est pas à elle que je m'adresse quand je parle de « taxer les dividendes », bien sûr.

R.E. : Donc vous comprenez aussi parfois la lassitude d'un patron de PME qui se sent écrasé par la bureaucratie ou par la fiscalité, ou par les cotisations ?

F.R. : Par la fiscalité, surtout par la fiscalité ! C'est pour ça que je fais toujours la différence quand on parle de « baisse des charges ». Je vois bien que le patronat a gagné idéologiquement cette bataille, entre baisse des charges et baisse des cotisations. Pour moi, les cotisations sociales ne sont pas des charges. Les cotisations sociales financent notre Sécurité sociale et c'est ce qui nous a permis de tenir debout pendant la pandémie. Dans d'autres pays, les gens ont payé les tests, les soins, etc. S'il y a des charges à baisser dans une entreprise – et, nous, nous sommes prêts à les accompagner –, ce sont les charges énergétiques, le gaz et l'électricité. Qui ont triplé, parfois quintuplé. Il faut pouvoir les baisser ! Ça nous donnera un avantage compétitif énorme vis-à-vis des autres pays, si on baisse les charges d'électricité et de gaz pour nos entreprises. Et les charges d'assurance ! Certaines assurances se gavent sur le dos de nos entreprises. Je pense à nos agriculteurs, je pense à la logistique, qui représente des dizaines de milliers d'euros... Et puis enfin, nous, on propose – comme les banques ne jouent pas leur rôle auprès des petites boîtes et continuent de ne prêter qu'aux riches, en plus avec notre pognon – de nationaliser deux grandes banques et que nous, l'État, avec un pôle de banques publiques, nous accompagnions ces entreprises avec des prêts à taux négatifs. Les entreprises pourront ainsi emprunter et rembourser moins que ce qu'elles ont emprunté. À la fin, elles gagnent de l'argent. Pour pouvoir justement investir, augmenter, former, embaucher... C'est un accompagnement réel que nous voulons faire du monde économique. Qui d'autre, à gauche, parle comme ça ? Personne !

R.E. : Sur qui tapez-vous, alors ? Les voraces ? Les rapaces ?

F.R. : Geoffroy Roux de Bézieux, le patron du Medef, a un terme très élégant. Il appelle ça le « loyer du capital ».

R.E. : « L'argent coûte cher... »

F.R. : Oui, il disait : « Mais enfin, monsieur Roussel, le capital est bien en droit de réclamer un loyer. » Mais je répondais : « Votre loyer coûte cher ! Et il augmente de plus en plus. Enfin, quand on demande 18 % de marge sur un yaourt comme le fait Danone... Que doit-on faire ? Se priver de produits laitiers ? Et que doit-on faire quand vous demandez une marge importante sur les prix des voitures, sur le prix du gaz, sur le prix de l'électricité, sur les autoroutes ? Ce qui coûte cher, c'est le loyer des actionnaires ! » Il faut inverser cette logique. Et c'est pour ça que je m'attaque non pas aux patrons, mais au coût du capital, au loyer de l'argent.

## *La grande bouffe*

Raphaël Enthoven : « Un bon vin, une bonne viande, un bon fromage, pour moi, c'est la gastronomie française », avez-vous dit. Et bien des militants vous sont tombés dessus, en vous reprochant tantôt d'être un snob, tantôt d'être un beauf, tantôt d'être « suprémaciste », tantôt d'être « pétainiste »... Comment avez-vous vécu cette querelle gastronomique ?

Fabien Roussel : C'était lamentable. Vous savez, ma culture, c'est la Fête de l'Huma, ce sont tous les stands de France représentant toutes les spécialités gastronomiques régionales. On y mange les meilleures viandes, les meilleurs bœufs, les meilleurs agneaux, les meilleurs escargots, les meilleurs fromages ! Et c'est la gastronomie internationale, avec le kebab du Parti communiste libanais, avec la langouste de Cuba. C'est la rencontre de toutes les cultures. Les communistes ont une culture de l'art de vivre, et de l'art tout court. On vient d'avoir une exposition magnifique de tous ces artistes qui ont accompagné le Parti communiste français pendant cent ans : Picasso, Duchamp, Fernand Léger... Mais la gastronomie, c'est aussi de l'art ! C'est un art et c'est l'art de vivre, et moi je l'assume, je ne suis pas de ceux qui veulent la mort des bons vivants. La France, ce sont les bons vivants aussi. Et la gastronomie, chez nous, c'est sacré.

R.E. : Et, donc, comment avez-vous vécu la polémique avec ceux qui, comme Sandrine Rousseau, vous accusaient d'avoir les deux pieds dans le terroir et, comme s'il y avait un lien entre les deux, de négliger le couscous ?

F.R. : Je ne sais pas quel est leur projet de société, mais je n'aimerais pas y vivre.

R.E. : Quand Sandrine Rousseau invente que vous avez parlé de « saucisson » (comme s'il y avait de l'islamophobie au principe de votre défense de la gastronomie française) et vous reproche de n'avoir pas parlé de couscous, que répondez-vous ?

F.R. : Que ce n'est pas le sujet ! C'est une fausse polémique. Mon sujet est de dire qu'il y a aujourd'hui 10 millions de Français qui n'ont pas les moyens de pouvoir se payer un bon steak, un bon vin, une bonne bière, un bon fromage, un bon couscous, une bonne paella. Qu'importe ! Le sujet n'était pas l'origine de la nourriture ou du plat. Le sujet, c'est qu'on doit avoir le droit d'avoir un égal accès au bon. Jouir est aussi de gauche. Voilà le sujet. Et nous y avons droit. Et le peuple ? L'ouvrier, l'enseignant, le gardien de prison, ils y ont droit aussi.

R.E. : Droit au superflu ? ou à l'essentiel ?

F.R. : À l'essentiel ! Admirer un tableau de Picasso, participer à un défilé de mode, manger une viande, un bon morceau de bœuf issu de nos élevages en plein air (les meilleurs, et pas le steak argentin congelé), c'est le même combat !

R.E. : C'est étrange que vous preniez l'image du défilé de mode, je ne vous attendais pas sur ce terrain-là.

F.R. : Je vois ! Je vous le dis parce que je revois le défilé de mode de Yves Saint Laurent à la Fête de l'Humanité, il y a une vingtaine d'années. Parce que c'est ça notre culture, aussi. Et on a offert au public de la Fête de l'Humanité Yves Saint Laurent.

R.E. : À l'époque, nombre de communistes s'étaient indignés de cela. Ils avaient dit « Prada Pravda ». C'était bizarre. Ils s'étaient indignés de ça au nom du fait que le Parti communiste n'était pas une scène de théâtre ni un podium...

F.R. : Nous, on était fiers. Nous étions tous là, devant la scène. C'était merveilleux. On s'est toujours battus pour rendre accessible à tout le monde cet art de vivre à la française, cette culture française. Et je suis estomaqué (si j'ose dire) que la nourriture, la gastronomie, aujourd'hui, nous en soyons privés. Et la situation s'aggrave tous les jours ! Le prix du yaourt, le prix du beurre... Comme tout augmente, on se prive de tout. À quoi ont accès les Français qui n'ont pas de sous ? Le retraité qui a 900-950 euros par mois, que je reçois à ma permanence ! Quand ils me disent : « Voilà ce que je gagne, et voilà ce que je paye : je ne vais plus au restaurant, je me prive de tout », que dois-je leur répondre ? Ils mangent des steaks hachés pourris, avec des poches d'air à l'intérieur. Ils mangent de la merde et je ne m'en satisfais pas. Ils ont construit la France, ils l'ont bâtie, ils ont donné une vie de travail, et ils seraient privés du meilleur ? C'est honteux, c'est honteux, c'est insupportable. Et donc je ne lâcherai rien.

R.E. : Comment comprenez-vous celui qui dit en substance : « Cet homme-là est tellurique, il a les pieds dans la glaise, c'est un bon Français, c'est donc un franchouillard. C'est donc un raciste. » Autrement dit : comment comprenez-vous l'argumentaire gauchiste qui, fonctionnant par identification, réduit une identité à une opinion ?

F.R. : C'est affligeant. Et c'est peut-être une des raisons pour lesquelles une partie de la gauche est disqualifiée. Oui, j'assume ces mots. Quand ils sont à court d'arguments, ils ressortent celui-là. J'ai entendu aussi que j'étais traité d'extrême droite parce que je défendais le nucléaire. Ce qui n'est pas mieux.

R.E. : On peut raisonnablement douter, à l'heure où nous discutons[1], que vous arriviez au second tour. Qu'allez-vous faire quand il faudra choisir, quand le révolutionnaire que vous persistez à être devra se prononcer, vraisemblablement, entre le libéralisme et la droite dure ? Mettons-nous dans ce cas de figure. Que faites-vous ? Que dites-vous ? Vous dites-vous qu'il y a des priorités, que la lutte contre l'extrême droite impose de choisir Charybde contre Scylla ?

F.R. : Les gens ne doivent avoir qu'une seule idée en tête, c'est que plus j'aurai du poids, plus je pèserai, plus mes idées pèseront dans le débat au second tour. Et après. Et donc, c'est important. Il faut revenir aux fondamentaux de cette élection. Donner du

1. Les conversations qui composent ce livre ont été enregistrées les 7 et 9 février 2022.

poids à quelqu'un, donner du poids à un homme ou à une femme, donner du poids à une candidature, c'est donner du poids aux idées qu'il représente pour que, demain, elles pèsent dans le débat, et c'est à cela qu'il faut revenir. Elles peuvent gagner, ces idées, et si elles ne gagnent pas, elles pèseront plus.

R.E. : Mais politiquement, il faudra vous allier. Ou au moins renseigner sur votre propre vote. Je n'imagine pas que vous vous absteniez...

F.R. : Vous imaginez si demain j'arrive à faire baisser l'extrême droite française ? Si j'arrive demain à ce que la colère du peuple, la colère du monde du travail se portent sur moi plutôt que sur eux ? Ils vont s'étrangler, à l'extrême droite ! C'est cela qui va changer la donne dans le rapport de force que j'aurai avec le gouvernement de demain. Ça changera la donne parce qu'au lieu de parler du problème des immigrés, on va parler des banques, on va parler de l'argent, on va parler des plus riches, de ceux qui nous spolient...

R.E. : Reprenez-vous à votre compte la critique par Gérard Noiriel du concept d'intersectionnalité, qu'il tient pour une régression par rapport aux principes fondateurs de la sociologie, qui dénonce l'enfermement identitaire et la « racialisation du débat public », et qui estime qu'on ne peut « rien comprendre au monde dans lequel nous vivons si l'on oublie que la classe sociale d'appartenance [...] reste, quoi qu'on en dise, le facteur déterminant autour duquel s'arriment les autres dimensions de l'identité des personnes[1] » ? Vous-même, comment imaginez-vous ressusciter la question sociale aux dépens des questions identitaires qui sont tellement à la mode ?

F.R. : J'invite tout le monde à lire Gérard Noiriel et je me retrouve tout à fait avec l'analyse qu'il fait et je le soutiens mille fois, pour une raison simple : je viens d'une région où, justement, en 2015, aux élections régionales, dans cette région ouvrière de 6 millions d'habitants, 41 % des électeurs ont voté pour Marine Le Pen au premier tour.

R.E. : 41 % ?

F.R. : Je suis effondré. Je suis candidat moi-même, je fais 5,4 %. C'est dur. C'était en décembre 2015. Et en novembre, il y avait eu les attentats... Je suis effrayé, et j'ai vu comment on a fait campagne et sur quoi elle a fait campagne.

R.E. : Elle a fait une bonne campagne, à vos yeux ?

1. Stéphane Beaud et Gérard Noiriel, *Race et sciences sociales. Essai sur les usages publics d'une catégorie*, Agone, 2021.

F.R. : Elle a fait campagne en tapant sur les immigrés et en instrumentalisant la colère sociale. Elle a fait du bassin minier un laboratoire de sa politique.

R.E. : Que retenez-vous de cette cuisante défaite ?

F.R. : Je suis reparti au combat quelques mois après, plus fort, plus fort, et en allant parler à ceux qui avaient voté extrême droite. On parle...

R.E. : C'est-à-dire en les écoutant ?

F.R. : En les écoutant. Et quand ils me disaient parfois des choses difficiles à entendre, des propos racistes ou anti-immigrés, parce que ça a inondé le débat...

R.E. : Comment réagissez-vous à quelqu'un qui, de bonne foi, vous dit : « Il y a trop d'immigrés dans ce pays, ils nous prennent nos emplois. » Qu'est-ce que vous avez à répondre à celui qui vous dit tout cela sans avoir le sentiment d'être une mauvaise personne, en toute sincérité et avec la certitude de faire preuve de bon sens ? Que répondez-vous à celui qui reprend l'antique argumentaire lepéniste : « Il y a tant de chômeurs, et il y a tant d'étrangers, cherchez l'erreur » ?

F.R. : Eh bien, je fais le choix de ne pas l'insulter, de continuer de l'écouter et de le laisser parler jusqu'au bout : pour qu'il vide son sac. Qu'il dise tout. Parce que j'ai appris, en écoutant ces personnes que je rencontre, que je rencontre dans les cafés, que je rencontre dans les usines, que je rencontre chez moi, que ces gens-là sont d'abord noirs de colère. Mais chez moi, ils sont toujours rouges dans leur cœur. Et si on les laisse parler jusqu'au bout...

R.E. : Comment vous les écoutez sans les flatter ?

F.R. : Eh bien, je les écoute. Et déjà, les écouter, c'est les respecter.

R.E. : Là, on est d'accord.

F.R. : Écouter, c'est 50 % de la solution. Et quand on les écoute jusqu'au bout, il y a toujours un moment où ce sont eux qui montrent, dans leurs propos, que le problème, ce n'est pas l'immigré. C'est là-dessus que je m'appuie pour dire : « Est-ce à cause de l'immigration que l'usine a fermé à côté de chez nous ? » Et, à partir de là, on construit un autre échelon : « Est-ce que c'est à cause des immigrés que l'on n'a pas eu de place à l'hôpital pour passer une radiographie ? » Et là, on a un autre rapport et on discute. Et on discute, justement parce que ça va toujours de pair : l'écoute et la parole. Et la colère, au lieu de se porter sur les étrangers, va exploser contre ce mépris de la part des puissants. Ils ne disent pas « les riches », les gens. Ils disent « les puissants », « les grosses têtes qui nous dirigent », « ceux qui sont à Paris ». Ce qui est absurde, d'une certaine manière, mais bon, c'est comme ça. Qui sont « les puissants » ? Qui sont « les grosses têtes » ? Qui est « Paris » ? Et « Bruxelles », c'est qui ? Quand on mène des combats sur le terrain contre la fermeture d'une usine pour faire en sorte que ce soit Alstom qui ait le marché du train et pas Siemens en Allemagne, quand on se bat contre la fermeture d'un service d'urgences, etc., les gens le voient. Ils savent qui se bat pour eux. Il y a deux types de tracts dans ma circonscription. Il y a le tract du Front national, qui va parler du voile islamique, qui va parler de l'immigration massive, qui va parler des mineurs étrangers. Et il y a mon tract, « L'humain d'abord », qui va parler des services publics, de l'hôpital, qui va parler des fermetures de classes, qui va parler du commissariat de Saint-Amand qu'on a réussi à restaurer et à ouvrir, qui va parler de notre combat pour l'augmentation des retraites et de la retraite agricole qu'on a réussi à obtenir. Nous, on est concrets, on est sur les problèmes des gens. Alors, peut-être que le tract du Front national va surfer sur des peurs, mais ça ne règle rien...

R.E. : Le slogan que vous prenez, « L'humain d'abord », qui a une tête de slogan de campagne,...

F.R. : Qui est né chez moi, dans le Nord.

R.E. : ... n'était-ce pas avant vous le slogan du Parti de gauche ou du Front de gauche ?

F.R. : Non ! C'est nous, et c'est devenu le slogan du Front de gauche.

R.E. : Mélenchon vous l'a volé, le coquin !

F.R. : Et les droits nous appartiennent. Ça m'appartient, même. La phrase a été déposée à l'INPI.

R.E. : Vive la propriété. Albert Camus disait qu'il fallait aimer les hommes avant les idées, iriez-vous jusque-là ? Ce que je veux dire, c'est que, quand on dit « l'humain d'abord », n'est-on pas contraint à renoncer, comme Camus, à une certaine radicalité ? La diversité des passions humaines, leur multiplicité, l'incapacité où nous sommes de les juger n'imposent-elles pas une sorte de modestie, un deuil de toute ambition radicale, quand l'humain l'emporte sur les idées ? Que vous reste-t-il de la radicalité que d'aucuns vous prêtent ? Vous dites que vous avez les bras ouverts, que vous écoutez les gens, que vous parlez avec eux, que vous les laissez parler, que vous ne les jugez pas... Que reste-t-il de la radicalité chez vous ?

F.R. : L'humain d'abord, c'est sacrément radical. C'est même opposé au monde d'aujourd'hui où c'est la tune d'abord. La tune, l'oseille, le pognon, la finance, ce que vous voulez... C'est du brun, comme on dit chez nous. Vous pouvez appeler les salariés des « collaborateurs », installer une table de ping-pong dans la boîte et une salle de gym, si le gars a sept heures de boulot, deux fois vingt minutes de pause pendant ces sept heures et qu'il rentre chez lui rincé... il n'aura pas le sentiment d'avoir été respecté et de s'être épanoui au travail. Sincèrement. Il y a deux types de boulot, et je conçois que certains s'épanouissent sincèrement au travail avec de bonnes conditions de travail. J'ai été au siège de Google, une fois... C'est merveilleux, évidemment. Quand on voit ça, on se dit : ils doivent être bien... Mais ça, ce n'est qu'une partie. Il faut aller voir ce qui se passe dans les hôpitaux. Il faut aller voir la pression sur les enseignants. Il faut aller voir ce qui se passe dans les usines. Il faut aller voir la souffrance des paysans, des commerçants. Ça n'a rien à voir. Et pourtant : je crois au bonheur au travail, à l'épanouissement de l'être humain au travail. Je crois à la possibilité de redonner du sens au travail.

R.E. : Vous diriez « travailler plus pour gagner plus » ?

F.R. : Non, je ne dirais pas ça. Non. Travailler plus pour gagner plus, qui a été érigé en projet de société par Sarkozy, ce n'est pas mon projet de société, et je ne partage pas cette vision du monde du travail. Je sens au contraire une envie de s'épanouir au travail, autant de la part du soignant, de l'enseignante, de l'ouvrier, que du médecin. Pour attirer un jeune collègue, il ne faut pas lui dire qu'il va reprendre une patientèle de 100 000 personnes et qu'il va travailler 70 heures par semaine...

R.E. : Vous êtes très ferme sur l'égalité salariale hommes-femmes, mais est-ce que vous admettez les disparités salariales entre différentes professions. Par exemple, le fait qu'un médecin gagne plus qu'un ouvrier ?

F.R. : Bien sûr ! Mais je reprends : il y a une quête de sens au travail, plus forte d'ailleurs à l'issue de cette pandémie qu'avant. Une vraie quête de sens. Être heureux au travail, pouvoir travailler, vivre de son travail et en même temps élever ses enfants, passer du temps avec eux, pouvoir voyager, se cultiver, aller au théâtre ou aller au restaurant. Jouir ! Ou même ne rien faire. Je ressens une quête de sens du côté des salariés qui font des gestes répétitifs, etc., qui ne supportent plus d'être considérés comme des machines. On les traite selon des méthodes de management terribles provenant de l'industrie automobile des États-Unis, où l'on déplace des hommes, des femmes d'un poste à un autre. Ils sont interchangeables et ils ont juste un geste à exécuter. C'est horrible. *Les Temps modernes* de Chaplin, c'est toujours vrai ! Et pourtant, moi, je rencontre des hommes, des femmes qui aiment bien travailler en usine, mais qui veulent savoir ce qu'ils produisent, pourquoi ils produisent, comment ils produisent. Participer à ces choix-là est essentiel. Sans cette liberté, ils se sentent réduits à des automates, à des machines ! C'est la même quête de sens des aides à domicile ou des enseignants. Eux-mêmes, les aides à domicile, disent qu'on les pousse à la maltraitance... C'est horrible ! Les soignants qui disent : « on exécute des gestes, ce n'est même plus humain ». C'est d'ailleurs le mot : humain. Il revient dans tellement de professions. Ce n'est « plus humain », ça « manque d'humanité ». « On veut remettre de l'humain dans notre métier ». Combien de fois ai-je entendu ça ? Une telle quête de sens passe par le fait de faire en sorte que les salariés participent au choix. Comment va-t-on travailler mieux ensemble ? Ce qui sera plus productif, y compris pour le patron ! Il y a des patrons, qu'il faut saluer, qui font ce choix-là de construire l'entreprise avec leurs salariés. Comment participe-t-on au choix ? Là est la question ! Et ensuite, nous, nous disons qu'il faut pouvoir travailler moins. Pour travailler mieux. Et pour travailler tous.

R.E. : Vous diriez, comme Dominique Strauss-Kahn au moment du débat sur les 35 heures, que la réduction du temps de travail a toujours absorbé les gains de productivité et qu'en somme, il faut continuer sur ce chemin-là ? Il n'est pas sûr qu'il y croyait lui-même, mais enfin, il le disait.

F.R. : Les 35 heures ont permis de créer à peu près 250 000 ou 300 000 emplois. Aujourd'hui, on peut réduire le temps de travail, et je suis pour le faire, dans le dialogue, dans la construction, dans certaines professions d'abord, là où c'est le plus pénible, là où il y a des besoins, là où c'est possible, parce que réduire le temps de travail impose de trouver la main-d'œuvre pour former, pour remplacer... Tout ça se construit. Mais, en tout cas, le sens du progrès, pour moi, c'est celui-là. Donc, ce n'est certainement pas travailler plus pour gagner plus, c'est travailler mieux, travailler moins pour travailler tous. Et ça, c'est un vrai projet de société, et on doit pouvoir le faire en accompagnant les entreprises, et en le faisant avec les salariés. Alors, les 32 heures, ça se construit. Il faut en débattre. Ça peut se faire par branches. Ça peut s'inscrire dans le temps. La retraite à 60 ans, en revanche, ça, je pense que c'est à mettre en œuvre rapidement, parce que c'est 1 200 000 salariés qui partiront en retraite, et c'est 1 200 000 qui rentrent, et notamment des jeunes. Et c'est donc une perspective de travail pour 1 200 000 jeunes. En revanche, je dis que celui qui ne veut pas partir à la retraite – parce qu'il y en a – parce qu'il sent qu'il en est encore capable, qu'il a un savoir-faire à partager, eh bien, celui-là doit pouvoir le faire.

R.E. : Que cette personne-là puisse continuer à bosser.

F.R. : Oui, mais il peut continuer à travailler en formant les jeunes ! Donc oui : il n'y a pas d'opposition.

R.E. : Donc ce n'est pas la retraite à 60 ans, c'est la retraite à 60 ans pour ceux qui veulent.

F.R. : Oui. Aussi. Mais pas parce qu'ils gagneraient plus, parce qu'ils s'émancipent, parce qu'ils sont heureux dans leur travail.

R.E. : Ouais... Mais ça peut être aussi pour de viles raisons financières. Pas viles, d'ailleurs ! Des enfants à nourrir. Quoi de vil à ça ? Prenons l'exemple d'un homme qui aurait quatre ou cinq enfants. S'il arrête de travailler, il n'y a plus de pension alimentaire, plus de vacances, plus rien. Cet homme a 45 ans : il serait impensable pour lui, à moins d'y être contraint, de cesser de travailler dans quinze ans ! Non seulement parce qu'il aime son métier, mais aussi, d'abord, parce qu'il en a besoin.

F.R. : S'il a encore envie de travailler, ou s'il en a encore besoin, il continuera à travailler. Effectivement, il gagnera plus qu'en retraite puisque notre retraite correspondra à 75 % du meilleur salaire des dix meilleures années. S'il continue de travailler, il gagnera plus que s'il part en retraite. Ce sera son choix s'il veut continuer de le faire.

R.E. : Mais, même dans son cas, les raisons pour lesquelles il voudrait le faire relèvent de la nécessité, plus que du plaisir...

F.R. : Bien sûr. Un jour, dans un café, un homme vient me voir et me dit : « Vous êtes pour la retraite à 60 ans ? » Oh putain, je me dis que je vais me faire engueuler, qu'en voilà un qui va dire que c'est pas possible. Et je lui dis : « Ouais, pourquoi ? » Et là, il m'arrête tout de suite et me dit : « Ouais, ben moi, je n'irai pas jusqu'à 60 ans. » – « Ah bon ? Pourquoi ? » « Mais parce que je travaille à l'usine Peugeot et, je peux vous dire, j'y travaille depuis l'âge de 18 ans, et là, j'en ai 52. Je n'irai pas jusqu'à 60. Il faut m'arrêter avant parce que j'en peux plus. » Moi, c'est aussi à eux que je pense. Des gens comme ça sont innombrables. Et ils ne sont pas considérés comme faisant des travaux pénibles. Mais ils sont beaucoup à avoir le corps cassé. Le corps cassé. À faire 15 kilomètres par jour au cul des machines. On ne peut pas leur demander de travailler au-delà de 60 ans. Vous trouvez normal, vous, qu'un homme vienne de mourir à Amazon, dans l'Essonne, à 63 ans ? Ce n'est pas à cause d'Amazon, c'est une crise cardiaque à 63 ans. Un poste pénible. Amazon n'est pas en cause. C'est une crise cardiaque. Le syndicat est d'accord là-dessus. Mais qu'est-ce qu'il foutait, putain, au boulot, à 63 piges ? Si ce n'est pas justement pour se nourrir, parce qu'on a des pensions de merde ? Eh bien, moi, je veux permettre à ceux qui ont le corps cassé d'avoir une pension décente à 60 ans et que des jeunes prennent leur place.

## *Dévoilons-nous*

Raphaël Enthoven : Le voile islamique est-il un problème à vos yeux ? Comment le féministe égalitaire, soucieux d'égalité réelle entre les individus, voit-il ce vêtement ? Comment le lisez-vous ? Qu'est-ce que ça vous inspire ?

Fabien Roussel : D'abord je trouve fou que cette question soit érigée en priorité par certains. Comme si c'était celle qui allait remplir le frigo des Français.

R.E. : Sans en faire une priorité, on peut quand même en faire une question. Ça reste important, non ?

F.R. : Bien sûr que c'est important. Mais aujourd'hui, le plus important, c'est d'abord de remplir le frigo. Et c'est agiter des peurs que de focaliser l'attention sur le voile. D'autant que, concernant la religion musulmane et celles qui font le choix de porter le voile, il y a différentes façons de le porter. Je combats pour une société dans laquelle chacune puisse s'épanouir dans une République française où elles ont accès à la connaissance, à la culture, à l'art, au sport et avec tout le monde et dans le respect de la diversité de toutes et de tous.

R.E. : Soutenez-vous les « hijabeuses » qui veulent porter le voile en jouant au foot ? De façon générale, soutenez-vous l'idée qu'il faudrait pouvoir porter le voile dans les compétitions officielles ?

F.R. : Franchement, ce n'est pas mon sujet.

R.E. : Ce n'est pas votre sujet.

F.R. : Ce que je veux dire, c'est qu'il faut permettre à chacune et chacun de pouvoir vivre heureux en France. Et la République française laïque permet à chacun de croire et de ne pas croire, et donc de vivre sa religion comme chacun le sent dans le respect des règles.

R.E. : Parmi ces règles, il y a celle qui donne le droit de critiquer le port du voile, par exemple.

F.R. : Tout à fait.

R.E. : Le droit de dire : « C'est un vêtement sexiste. Je suis féministe et je n'aime pas ce vêtement. »

F.R. : On a le droit de le dire. Et nous, parti féministe, nous disons qu'effectivement, le voile...

R.E. : Ce n'est pas la panacée de la libération des femmes.

F.R. : Exactement. Mais la République laïque française est celle qui permet à chacun et chacune de vivre sa religion comme il le sent, comme elle le sent.

R.E. : Vous irez jusqu'à dire à l'école ?

F.R. : Il y a des règles et je suis pour le respect des règles. Le respect des règles, c'est : pas de voile quand on est un agent des services publics. Et je suis favorable, comme cela a été fait dans la loi sur les séparatismes[1], que ce soit étendu dans les services des délégations de service public, dans les transports, etc. Je suis pour respecter strictement cette règle de neutralité de l'État, de neutralité de nos services publics, de neutralité des agents.

R.E. : Et les enfants à l'école ? Ils n'ont pas le droit de venir avec des signes religieux.

F.R. : Bien sûr ! Et je suis pour respecter ces règles.

R.E. : Vous auriez voté la loi de 2004[2] sur le port des signes religieux.

1. Loi du 24 août 2021 confortant le respect des principes de la République (dite aussi « contre le séparatisme »).

2. Loi du 15 mars 2004 encadrant, en application du principe de laïcité, le port de signes ou de tenues manifestant une appartenance religieuse dans les écoles, collèges et lycées publics.

F.R. : Tout à fait, oui. C'est pour ça que sur la laïcité, je suis pour la respecter telle qu'elle est aujourd'hui, celle de 1905, qui s'est construite difficilement, dans la douleur, dans un compromis difficile, avec *les* églises, mais à l'époque surtout l'Église : la France était fille aînée de l'Église. Cette laïcité résiste dans un équilibre fragile avec des églises. Et donc, l'adjectiver, chercher à l'assouplir ou à la renforcer, pour moi, est dangereux. Elle doit être respectée telle qu'elle est. Et c'est là que je combats tous ceux qui portent atteinte à la République laïque, que ce soient des intégristes chrétiens qui font l'assaut des députés et des parlementaires, quand il s'agit de parler de lois de bioéthique, ou que ce soient ceux qui demandent à ce que dans les services publics on puisse porter le foulard ou s'interrompre dans son travail.

R.E. : Vous êtes contre.

F.R. : Je suis contre.

R.E. : La prière pendant le travail ?

F.R. : Je suis contre. On doit respecter les règles telles qu'elles sont.

R.E. : Avez-vous voté la loi de 2021 confortant les principes républicains ?

F.R. : Non, je me suis abstenu.

R.E. : Pourquoi ?

F.R. : Parce qu'il y avait dedans des avancées et des reculs.

R.E. : Quels reculs ?

F.R. : Il y avait certaines avancées. Par exemple, tout ce qui combattait le certificat de virginité et l'excision. Marie-George Buffet s'est bien battue.

R.E. : C'est ce que j'allais vous dire.

F.R. : J'écoute souvent avec attention Marie-George parce qu'elle est juste. Et c'est une féministe laïque, qui défend les droits des femmes avec beaucoup de justesse. Bref.

R.E. : Vous vous êtes abstenu, donc ?

F.R. : Comme avancée, il y avait la transparence financière sur les cultes. Je suis fier des élus communistes qui, à Strasbourg, ont refusé de financer Milli Görüs[1], qui est une organisation d'extrême droite turque islamiste. Et donc, nous, nous sommes clairs là-dessus. Donc on ne transige pas.

1. Le 22 mars 2021, le conseil municipal de Strasbourg adoptait le principe d'une subvention de plus de 2,5 millions d'euros pour la construction d'une mosquée Milli Görüs – une association de la communauté turque – dans le quartier populaire de la Meinau. Une subvention finalement retirée, sous la pression de l'opinion publique.

R.E. : Mais pourquoi vous abstenir alors sur cette loi ? Où se trouvent les reculs dans cette loi ? Était-ce pour des raisons politiques peut-être ? Vous ne vouliez pas voter une loi Darmanin…

F.R. : Non, il y a une disposition sur le patrimoine, qui donne la possibilité aux cultes de gérer du patrimoine. Je n'ai plus la disposition précise, mais où l'État se mêle de ce qui ne le regarde pas.

R.E. : C'est pour cela que vous vous êtes abstenu ?

F.R. : Il y avait une certaine disposition dans la loi qui ne respectait pas justement ces principes de neutralité de l'État. Il y a aussi eu un débat malsain sur l'instruction à l'école. Les Français ne le savent pas et y compris les militants de chez moi ne l'ont pas vu. Mais il a focalisé le plus d'amendements, le plus d'heures de débats avec le gouvernement qui voulait supprimer l'instruction à la maison. L'instruction à la maison, les familles qui font le choix de scolariser leurs enfants de cette manière…

R.E. : Vous n'étiez pas d'accord avec ça.

F.R. : Oui. D'abord, nous, on défend l'école de la République. Chez les communistes, on est plus à défendre tout le monde à l'école. Mais j'ai été sensibilisé par des familles de chez moi qui m'ont raconté leurs enfants épanouis, qui ont fait deux ans d'études à la maison.

R.E. : J'entends vos réserves, mais, encore une fois, justifient-elles que vous vous absteniez sur le vote d'une loi qui, entre autres, renforce le contrôle des associations qui tiennent des discours contraires à la République, qui suspend les aides publiques à l'adhésion aux principes républicains, ou qui pénalise les certificats de virginité ? Est-ce qu'une telle loi ne vous paraît pas un outil adéquat pour lutter contre l'hydre islamiste ou l'intégrisme qu'on peut transmettre dans les familles à l'abri de l'école ?

F.R. : Justement, c'est de la caricature. C'est ce que m'ont expliqué les familles, et c'est pour ça que je n'ai pas aimé le gouvernement qui, avec cette loi et ce sujet notamment, a stigmatisé nos concitoyens musulmans.

R.E. : Vous diriez ça ?

F.R. : Oui.

R.E. : Mais le mot n'apparaît pas dans la loi. Le mot « musulman ». Comment pouvez-vous voir la stigmatisation d'un groupe (ce qui serait anticonstitutionnel) dans une loi qui ne mentionne même pas le groupe en question ?

F.R. : Non, mais l'interdiction de la scolarisation à domicile des enfants de plus de 3 ans a donné lieu à des débats où l'on disait tout de suite que ces enfants bénéficiaient ainsi d'une instruction coranique.

R.E. : Ce qui est vrai. Et ce qui est un problème aussi.

F.R. : Non, justement, c'est faux. Les familles qui font le choix de prendre leurs enfants à leur maison sont très contrôlées. Elles sont inspectées une à deux fois par an. Donc, ce n'est pas là, le problème. Or, c'est là que le gouvernement a mis l'accent. Le problème se trouve dans les écoles hors contrat. Et les écoles hors contrat sont des écoles intégristes chrétiennes, islamistes ou d'autres obédiences dont on ne sait rien. Hors contrat, ça veut dire que la seule règle, c'est que ce soit propre par terre. Ce sont des règles d'hygiène. Ce qui se passe derrière les murs ? La République s'en fout. Eh bien ça, moi, je ne m'en fous pas. J'ai demandé, nous avons demandé l'interdiction des écoles hors contrat. Ça, c'est lutter contre des réseaux intégristes. L'interdiction des écoles hors contrat. Et pourtant, là, le gouvernement a dit non.

R.E. : Avez-vous vu le long reportage de « Zone interdite » sur l'islam radical à Roubaix notamment, et à Marseille, où l'on montrait des poupées sans visage et des écoles à l'abri desquelles était dispensé un enseignement parallèle fondamentaliste ? Qu'est-ce que ça vous a inspiré ? Et question subsidiaire : que vous inspire le fait non seulement que des journalistes soient menacés, mais que d'autres considèrent qu'il ne faut pas les défendre ? Que vous inspire le fait, pour aller au bout de ma question, que de futurs candidats à Roubaix, comme David Guiraud, de La France insoumise, aillent là-bas pour lutter contre l'« extrême droitisation » des médias ?

F.R. : Je n'ai pas de commentaire à faire sur les autres. J'ai eu l'occasion de dire, en hommage aux victimes de l'attentat contre *Charlie Hebdo*, que j'ai trouvé inadmissible qu'aujourd'hui, des journalistes, des caricaturistes et des dessinateurs de presse soient obligés de se balader avec un officier de sécurité. C'est valable pour ceux de *Charlie*. C'est valable pour d'autres. C'est valable pour cette journaliste et ceux qui ont dénoncé...

R.E. : Amine Elbahi.

F.R. : C'est inadmissible et c'est valable pour Mila de la même manière, et ça ne devrait pas exister. Il y a une hystérie, un climat de tension, de guerre, dangereux, puisque ça coûte la vie à un enseignant, Samuel Paty. D'ailleurs, sur la loi séparatisme...

R.E. : Que vous n'avez pas votée.

F.R. : ... on a défendu un amendement pour qu'en cas de menace contre un professeur, la hiérarchie puisse porter plainte et que ce ne soit pas aux professeurs de se défendre, mais que ce soit la hiérarchie qui y aille. Pour vous dire notre vigilance sur cette question-là.

R.E. : Je n'en doutais pas.

F.R. : Bien sûr qu'il est inadmissible que des journalistes soient obligés d'être protégés. Et, oui, il faut les protéger. Mais ce qui se passe à Roubaix et dans ces boutiques où on ne peut pas interdire la vente de ces poupées sans visage, c'est révélateur aussi d'un climat, d'un commerce où...

R.E. : La sainte alliance du business et de l'intégrisme...

F.R. : Oui, c'est ça, je cherchais les mots pour le caractériser, mais c'est révélateur de quartiers où des associations islamistes intégristes s'installent petit à petit. Moi, je dénonce une forme de fascisme dans les idées.

R.E. : Vous diriez que la religion est l'opium du peuple ?

F.R. : C'est un peu plus compliqué que ça. Parce qu'en même temps, Roubaix, et je connais Roubaix, et je connais aussi la générosité de cette ville, ces associations qui...

R.E. : Ce n'est pas contradictoire.

F.R. : Non, ce n'est pas contradictoire.

R.E. : Un reportage qui montre l'islamisme rampant ou les boutiques qui vendent des poupées sans visage n'est pas un reportage qui dit « il n'y a rien d'autre que ça ».

F.R. : Mais je comprends aussi l'émotion de tous ceux qui, à Roubaix, se sont sentis pointés du doigt et abîmés. Je l'entends parce que je les connais. Et si ç'avait été le cas chez moi, dans ma ville, j'aurais été aussi malheureux. La question est : comment fait-on pour faire reculer ces réseaux quand ils bénéficient d'une telle publicité ? Comment met-on les moyens d'enquête, notamment financière, pour savoir qui se trouve derrière, comment ça tourne ? Il y a aussi beaucoup de boutiques qui servent à blanchir de l'argent quand même, et dans tous les trafics, que ce soit celui de la drogue ou celui du terrorisme.

R.E. : Vous avez dit tout à l'heure, à propos de la loi confortant les principes républicains, que c'était une loi qui, sans les nommer, stigmatisait les musulmans. Est-ce que vous pourriez reprendre à votre compte, avec des réserves peut-être, l'expression de « racisme systémique » ou d'« État néocolonial » à propos de la France ?

F.R. : Non, c'est excessif.

R.E. : Où mettez-vous le curseur, en vérité ? Les gens qui parlent de « racisme systémique » considèrent que la France est gangrénée par le racisme si profondément que deux lois faisant du racisme un délit ne suffiront pas à purger le mal d'un « blanctriarcat » colonial qui règne toujours sur nos consciences ?

F.R. : Ces paroles sont excessives. Leurs auteurs déchanteraient s'il y avait un véritable pouvoir fasciste et raciste en France.

R.E. : Vous êtes d'accord pour dire que nous ne sommes pas en France dans un régime fasciste aujourd'hui.

F.R. : Mais bien sûr que non ! C'est pour ça que je dis que c'est excessif et que, quand c'est excessif comme ça, on n'est pas audible.

R.E. : Pourtant, c'est un discours qui, lui, se fait beaucoup entendre aujourd'hui, l'idée que la France serait une dictature...

F.R. : Ce que je regrette, c'est que ce gouvernement ait fait le choix de la question identitaire, de la question migratoire, c'est-à-dire de sujets qui lui permettent d'allumer des tempêtes médiatiques et d'esquiver la question de la vie chère, la question des délocalisations, ou la question de l'affaiblissement de nos services publics. C'est pour ça que je hurle. J'aurai toujours en tête le souvenir qu'en 2015, Marine Le Pen a fait 41 % dans le Nord-Pas-de-Calais au moment où on a la « jungle » à Calais. La jungle... Cette plaie horrible où des milliers d'hommes et de femmes - j'y suis allé - de toutes origines, vivaient dans un bidonville. Ils ont fait exprès de nous laisser cette jungle jusqu'aux élections. Et une fois les élections passées, deux mois après, c'était terminé. C'est pour ça que j'en veux à ces gouvernements. Qui excitent les peurs des Français, qui jouent avec les peurs des Français pour faire monter l'extrême droite, pour mettre ces questions au cœur de l'actualité et ne pas parler du reste.

R.E. : Quand les manifestants qui ont incendié une voiture de police quai de Valmy, en 2016, au moment des manifestations contre les « lois Valls », sont ensuite passés en procès, de bons esprits, comme Geoffroy de Lagasnerie[1], ont expliqué qu'en réalité,

1. « En défense des accusés du quai de Valmy », *Libération*, 14 septembre 2017.

les incendiaires étaient des victimes de la société, et qu'il fallait dénoncer une « vision réductrice » de la séquence qui, en insistant sur la violence des agresseurs, en « empêche toute appréhension politique »... Quel est votre sentiment devant ce que certains ont pu appeler la « culture de l'excuse », cette façon qu'on a de vouloir tout simplement disculper les incivilités en invoquant la misère, par exemple, ou en invoquant les difficultés sociales ? Jusqu'où ? Comment ? À quel point la responsabilité individuelle vous paraît-elle soluble dans les déterminations sociales ?

F.R. : C'est amusant, j'ai eu un débat sur ce sujet il y a peu de temps, avec des camarades. Je n'excuse jamais la violence. D'où qu'elle vienne, je n'excuserai jamais la violence. La violence physique en plus, celle qui abîme les corps, celle qui envoie à l'hôpital, celle qui peut tuer : elle n'est jamais excusable, et elle doit être condamnée. On ne peut pas vivre dans une société où l'on règle ses comptes par la violence. Il y a une responsabilité collective, une responsabilité de la société, une responsabilité de responsables politiques de cultiver un climat de violence. Mais la violence ne doit jamais être excusée, d'où qu'elle vienne, quelles qu'en soient les causes. Même si je comprends la colère, je condamnerai toujours la violence. Même si ce n'est pas la même chose que les précédents faits sur lesquels nous avons échangé, aucune injustice n'autorise à arracher la chemise d'un DRH...

R.E. : C'est ce que j'allais vous dire.

F.R. : Je me souviens, moi, de ma colère au même moment. Car je sais que, dans cette histoire-là, des cadres de la CGT font tout pour le protéger, ce DRH. J'ai participé à des luttes, à des combats où des patrons étaient, comme on dit, « séquestrés pour négocier ». Ce sont les syndicats qui protégeaient les patrons de la colère des salariés ! Je me souviens même d'un jour où, au terme d'une négociation, les résultats étaient mitigés. Disons que les syndicats n'avaient pas gagné à 100 %. C'était 50-50. Eh bien, ce sont les syndicats eux-mêmes qui ont escorté les patrons jusqu'à la sortie, pour les protéger de crachats, de coups de la part des salariés. Donc, moi, je suis de ce côté-là. Dans un conflit, c'est difficile, c'est tendu, chacun doit assumer sa part de responsabilité, mais ça ne doit jamais finir par la violence. Même si, souvent, la violence est d'abord sociale.

R.E. : Mais à ce compte-là, est-ce que vous diriez que les méthodes de la CFDT valent mieux que celles de la CGT ?

F.R. : Non, je ne les oppose pas.

R.E. : Pourtant, ce ne sont pas les mêmes. Ce n'est pas le même monde et ce ne sont pas les mêmes pratiques. Et ce n'est pas non plus la même influence. Aujourd'hui, la CFDT est passée devant sa concurrente.

F.R. : Dans une entreprise, vous savez, parfois c'est tel syndicat qui est fort. Parfois, c'est tel autre.

R.E. : Mais on peut observer une tendance malgré tout en faveur d'un syndicalisme plus réformiste, peut-être ?

F.R. : Bien sûr qu'ils sont différents. Mais c'est comme si vous me demandiez si le PS vaut mieux que le PC... C'est différent. Et, oui, il y a un parti qui est plus réformiste et social-démocrate. Et un parti qui veut s'attaquer au capital.

R.E. : Vous diriez que vous êtes social-démocrate ?

F.R. : Archi pas ! *[rires]* C'est un peu comme la CGT et la CFDT. Mais la différence entre un syndicat et un parti, c'est qu'une lutte dépend aussi beaucoup des hommes qui incarnent le syndicat dans l'entreprise, plus que du syndicat en tant que tel.

R.E. : Le diagnostic d'un racisme systémique, ce n'est pas le vôtre, n'est-ce pas ?

F.R. : Non, je ne le partage pas.

R.E. : Vous avez soutenu Assa Traoré, pourtant, à plusieurs reprises dans sa lutte, dans son combat. Est-ce que le soutien va jusqu'au partage de son diagnostic ? Pour mémoire, Assa Traoré considère, à l'inverse de vos propres convictions, que la question sociale est insuffisamment traitée si elle ne prend pas en compte d'abord la question raciale, et que la France souffre d'un racisme systémique à tous les étages de la société...

F.R. : Oui, mais c'est aussi une sœur, une famille et une population qui réclament justice et demandent à ce qu'il y ait des expertises plus poussées.

R.E. : Ce sont deux choses différentes. Les opinions (à mon avis dangereuses) d'Assa Traoré ne sont pas solubles dans la tragédie à laquelle sa famille doit faire face.

F.R. : Il faut comprendre leur combat pour la vérité et la justice. On peut comprendre le combat d'une famille, d'une population qui demande la vérité. Je sais que cette bagarre-là est menée. Je l'entends et c'est normal. D'ailleurs, ils sont venus s'exprimer à la Fête de l'Huma, plusieurs fois, on s'est croisés.

R.E. : « Évidemment que le PCF peut et doit organiser des hommages à *Charlie*. Hier soir, cela dépassait largement l'hommage : la sélection des invités confirme un virage politique opéré par mon parti depuis quelques mois. Et le Printemps républicain s'en frotte les mains... » Comment avez-vous vécu la façon dont votre camarade Elsa Faucillon vous a reproché d'avoir accueilli notamment Caroline Fourest, Sophia Aram, ou encore Marika Bret, place du Colonel-Fabien, dans le cadre d'un hommage à *Charlie Hebdo*, le jour anniversaire des attentats ?

F.R. : Ça fait partie des débats qui existent...

R.E. : Est-ce que vous comprenez la position de ceux qui disent que c'est un « journal islamophobe », et qu'ils n'ont rien à faire place du Colonel-Fabien ?

F.R. : Ça, je ne le comprends pas et je le conteste. Je conteste cette expression. Wolinski et Charb... Wolinksi, qui a tant dessiné pour *L'Huma*, Charb, qui était un ami, Cabu et tous les autres... Ce sont des progressistes ! Et ce sont des hommes de gauche, des progressistes, des humanistes, des antiracistes de toujours, dans leur chair, dans leurs cœurs, dans leurs âmes, des hommes et des femmes épris de la République révolutionnaire ! Eux, ils marient le drapeau rouge et le drapeau bleu blanc rouge. Pour moi, ce sont de grands progressistes. Et c'est à ce titre que j'ai souhaité leur rendre hommage parce qu'on est à jamais dans le même camp.

R.E. : Quand Jean-Luc Mélenchon, ancien ami de Charb, qui lui avait consacré un si bel hommage le jour de ses obsèques, compare *Charlie Hebdo* à *Valeurs actuelles*, ou bien accrédite le sentiment que, pour reprendre l'expression d'Edwy Plenel, une certaine gauche fait « la guerre aux musulmans », que vous inspire ce genre de revirements ? Comment le comprenez-vous ?

F.R. : Je comprends que ça fait partie des différences que nous avons.

R.E. : Est-ce que vous diriez que ces différences sont insurmontables ?

F.R. : Non. Mais ça fait partie des différences que nous avons.

R.E. : On parle souvent de « gauches irréconciliables ». Est-ce que vous n'êtes pas désormais dans deux camps antagonistes ?

F.R. : Non, je ne pense pas.

R.E. : Vous pourriez vous entendre avec l'insoumis David Guiraud, qui, après avoir vu le reportage de

« Zone interdite » sur l'islamisme, n'a pas apporté son soutien aux journalistes menacés et s'est rendu à Roubaix, dans la circonscription qu'il convoite, pour parler de l'« extrême droitisation des médias » ? Vous pourriez vous entendre avec Mélenchon, qui défile aux côtés de Francis Lalanne ? Ou bien qui se rend, le 10 novembre 2019, au rassemblement « contre l'islamophobie » ? Vous-même n'étiez pas présent à ce rassemblement, contrairement à votre directeur de campagne, Ian Brossat ?

F.R. : Non. Je n'y ai pas participé. On est d'accord pour dire qu'il y a un racisme antimusulman réel, de la même manière qu'il y a un antisémitisme réel, et que ce racisme et cet antisémitisme en France progressent, qu'ils sont violent, qu'ils font des victimes et que c'est une réalité à combattre et dont il faut prendre conscience. Et j'accuse l'extrême droite de nourrir ce climat-là.

R.E. : L'extrême droite, certainement. Mais que faites-vous des tenants de la non-mixité ? Des identitaires de gauche ? Qu'en est-il du séparatisme ? Et de ces gens qui luttent contre la ségrégation en triant eux-mêmes les gens selon la couleur de la peau ? Est-ce que le racisme ne progresse pas de cette façon-là aussi ?

F.R. : Avec ceux qui me critiquent ou qui critiquent telle ou telle de mes initiatives, comme Jean-Luc Mélenchon ou Elsa Faucillon, on peut s'entendre car on le dénonce ensemble, ce climat antimusulman et antisémite. Pour autant, je ne veux pas défendre ni cautionner des forces, des réseaux, des associations ouvertement islamistes qui mettent en cause notre République.

R.E. : Est-ce que le mot d'« islamophobie » vous paraît juste ? Ou est-ce que, vous, vous comprenez qu'on lui reproche d'indexer la critique d'une religion sur la haine de ses pratiquants, c'est-à-dire de tout confondre, à commencer par le blasphème et le racisme, et de culminer dans le meurtre de dessinateurs ?

F.R. : Je n'utilise jamais le mot « islamophobie ».

R.E. : Vous dites « racisme antimusulman ».

F.R. : « Islamophobie » est un mot que je n'utilise pas parce qu'il est brandi par certains, justement, pour s'exonérer de certaines prises de position qu'ils ont contre notre République, contre nos valeurs, contre nos lois. Je préfère parler de racisme, tout simplement. Je préfère parler du racisme tout court et d'un racisme antimusulman qui existe, qui projette des attentats comme celui contre la mosquée de

Bayonne. Je veux parler aussi d'antisémitisme parce qu'il existe aussi, et parler de fraternité et rappeler la phrase de Jaurès selon laquelle « il n'y a qu'une seule race : l'humanité ».

R.E. : Diriez-vous qu'il existe un racisme antimusulman à gauche ? Certains disent : « la droite n'aime pas les Arabes, la gauche n'aime pas les musulmans ».

F.R. : Non. Quand on est de gauche, on n'est pas raciste, voilà tout.

R.E. : Comment comprenez-vous que plus d'une année après sa décapitation, il n'y ait que deux écoles en France qui portent le nom de Samuel Paty ? Est-ce que vous comprenez les raisons des profs, nombreux, et des parents d'élèves qui votent à 100 % contre le fait que leur école prenne ce nom ?

F.R. : C'est inquiétant et c'est révélateur...

R.E. : Les comprenez-vous ?

F.R. : C'est un climat de tension.

R.E. : Est-ce que le mot de « terreur » n'est pas plus approprié que celui de « tension » ?

F.R. : Oui, mais c'est grave, justement. C'est pour ça que je veux rendre hommage à *Charlie Hebdo*, aux caricaturistes, et de façon générale à la liberté d'expression ! C'était d'ailleurs le cœur de mon discours à Marseille. La liberté d'expression est intangible. Il ne doit pas y avoir de « mais » derrière, comme disait Charb.

R.E. : Pas de « oui, mais ».

F.R. : Pas de « oui, mais », la liberté d'expression en France et dans notre République, qui caractérise la nation française, ce pour quoi on s'est battus, ce pour quoi certains sont morts, c'est aussi le droit de caricaturer. On a le droit de blasphémer, on a le droit de caricaturer le Prophète, on a le droit de se moquer des religions, et un enseignant doit pouvoir l'enseigner et faire vivre ce droit auprès de nos enfants sans avoir peur. Voilà. Si aujourd'hui les enseignants ont peur, c'est que nous avons reculé ; et donc c'est un combat à reprendre indéfiniment.

R.E. : La loi, c'est bien. Et vous êtes clair sur cette question. Mais comment éviter l'autocensure, en deçà de la loi ? Comment éviter que la terreur ne s'installe sous la forme de professeurs qui n'ont tout simplement pas envie de mourir pour leur métier ? Comment éviter que les profs – ce qui peut se comprendre – esquivent en classe tel ou tel sujet ?

F.R. : En étant forts, en étant soudés, en nous soutenant, parce que c'est un combat. Mais je l'ai dit dans mon discours de Marseille, je le dis, c'est un combat et certains meurent pour ça. Charb est mort pour ça parce qu'il menait le combat. Samuel Paty ne pensait pas qu'il en mourrait. C'est terrible. Et désormais, d'autres profs ont peur. C'est encore pire en particulier quand certains disent « oui, mais ». Alors là, c'est carrément du recul. Et moi, je ne veux pas qu'on recule.

R.E. : Que vous inspirent les gens qui croient faire œuvre de pondération en disant : « La liberté d'expression, c'est essentiel, mais... attention au blasphème » ?

F.R. : Je ne partage pas.

R.E. : Cette façon qu'on a de maquiller l'indécision en pondération ?

F.R. : On doit aujourd'hui défendre la liberté d'expression qui fait partie de la culture française. C'est ce que nous avons fait dans cette superbe exposition que nous avons eue à la place du Colonel-Fabien, sur cent ans d'histoire de l'art.

R.E. : L'histoire des artistes qui ont soutenu le PC ? L'exposition s'est tenue il y a deux ans.

F.R. : Il y avait le peintre Rancillac, qui a été censuré pour toutes ses œuvres sur les femmes d'Alger, et pourchassé par les islamistes. Il a été censuré en France, l'Institut du monde arabe n'a pas voulu exposer ses toiles. Et Rancillac, c'est aujourd'hui, ses œuvres existent, c'est un contemporain. Il y a eu *La Joconde* de Duchamp, qui est une *Joconde* à la moustache, rebaptisée « LHOOQ », que certaines féministes n'aiment pas, mais qui est aussi l'œuvre qui préfigure le débat sur le genre, et qui a été censurée à l'époque parce que – sacrilège ! – on s'attaquait à *La Joconde*. Véronèse lui-même a failli perdre la tête pour avoir représenté des bouchers qui découpent de la viande au-dessus du Christ dans *Les Noces de Cana*. De tout temps, les artistes ont mis leur vie en jeu et de tout temps, les églises (ou les bien-pensants) s'en sont pris à eux. Nous, les communistes, de tout temps, on les a toujours défendus, toujours, et dans cette expo, il y avait Marcel Duchamp, il y avait Fougeron, qui a fait une superbe œuvre sur les poissonnières en 1948 (*Les Parisiennes au marché*) qui a aussi été censurée, et il y avait Charb. Ils étaient ensemble. Picasso, Fougeron, Duchamp. Ils étaient ensemble. On les a toujours défendus. C'est cette liberté d'expression, moi, que je veux défendre plus que tout.

R.E. : Oui, enfin, il y a aussi une tradition au Parti communiste qui a été de censurer des artistes qui ne jouaient pas le jeu de l'État ou du réalisme socialiste.

Le Parti communiste, comme toute instance d'ailleurs, n'est pas étranger à l'intention de censure.

F.R. : Ce n'est pas ma réponse, mais je laisse votre question...

R.E. : Il n'y a pas une tradition de censure au PCF ?

F.R. : Non, mais bon, allez-y.

R.E. : Votre réponse me donne envie de revenir sur l'accueil des membres de *Charlie Hebdo*, début janvier 2022, place du Colonel-Fabien. Encore une fois, comment avez-vous vécu le discours de ceux qui s'y étaient opposés et qui n'avaient pas moins que vous le sentiment d'être communistes en le faisant ?

F.R. : D'abord, j'ai toujours respecté le débat sur les avis des uns et des autres. Je les entends, je les écoute. Ça me permet d'appréhender les raisons pour lesquelles je prends la parole. Donc j'écoute, mais j'écoute aussi l'immense majorité qui tient à rendre hommage à ceux de *Charlie* qui ont été tués dans ces horribles attentats ; et donc je fais un choix qui est d'abord de m'appuyer sur l'immense majorité.

R.E. : Mais est-ce que vous comprenez ce désaccord ? Est-ce que vous comprenez, vous qui ne partagez pas ce mot, que des gens disent que c'est scandaleux que *Charlie Hebdo* soit invité place du Colonel-Fabien, que c'est un journal « islamophobe » ? Est-ce que c'est un argument que vous pouvez entendre ?

F.R. : Ils font le choix, que je peux entendre, de ne pas se retrouver dans ce type d'initiative. C'est tout. Je suis secrétaire national...

R.E. : Vous prenez une ligne quand même, une direction ?

F.R. : J'ai fait le choix d'écouter l'immense majorité des militants, d'élus.

R.E. : Voulez-vous dire que si la majorité des militants avaient été hostiles à un tel hommage, vous ne les auriez pas invités ?

F.R. : J'exprime des choix dans le parti aujourd'hui, pour dire plus clairement. Je l'assume totalement, car ce choix nous permet de ne plus être dans une zone d'ombre où l'on ne sait pas tout à fait ce qu'on pense.

R.E. : Si cette position sur *Charlie* avait été minoritaire dans le Parti communiste, est-ce que vous l'auriez défendue quand même ? Est-ce que vous les auriez invités quand même si vous aviez senti qu'une majorité de militants y étaient hostiles ?

F.R. : J'ai été respectueux des choix quand même majoritaires du Parti. J'ai été élu...

R.E. : Mais ce n'est pas une élection permanente. Parfois, quand on est élu, il faut déplaire aux gens qui vous ont porté.

F.R. : Ce n'est pas une élection permanente, mais on a des instances qui se réunissent de manière permanente, nationale. On a un parlement, on a un exécutif, on a une direction et on se réunit régulièrement. Un exécutif qui se réunit tous les quinze jours. Un parlement qui se réunit tous les quarante-cinq jours à peu près, qui nous permet d'avoir des débats, où ceux qui ne sont pas d'accord le disent et l'expriment. Où l'on a des votes régulièrement.

R.E. : L'invitation de *Charlie Hebdo* avait été votée avant par le parlement interne ?

F.R. : Mais non...

R.E. : Je ne sais pas comment ça marche. C'est pour ça que je vous pose la question.

F.R. : Heureusement que tout n'est pas voté. Heureusement que tout ce que je dis n'est pas soumis au vote !

R.E. : Alors, j'en reviens à ma question. Si les partisans d'inviter les amis de *Charlie Hebdo* avaient été minoritaires, si votre propre position avait été minoritaire, l'auriez-vous maintenue contre l'avis de la majorité ?

F.R. : On a déjà exprimé des choix qui font débat, comme le nucléaire. Chaque fois, on a débattu, on a voté. Tout ce qui se trouve aujourd'hui dans mon programme a été voté et assumé. En revanche, quand on a fait le choix de rendre hommage aux victimes des attentats de *Charlie Hebdo*, on a monté ça en cinq jours. Le parlement du Parti n'était pas disponible entre les fêtes.

R.E. : Eh oui ! C'est comme les AG de copropriétaires, ça prend du temps à organiser.

F.R. : Résultat, on en parle entre nous parmi l'équipe de direction avec qui je travaille ici tous les jours et, ensemble, on décide. Oui, c'est bien, on va le faire. C'est vrai, ça tombe le 7 janvier, c'est une belle occasion. On va les réunir et on devrait inviter Marika[1]...

R.E. : Et Sophia Aram, Caroline Fourest...

F.R. : On appelle Marika. « On devrait proposer à Sophia de venir, dit-elle, mais ça serait bien que ce soit toi, Fabien, qui l'appelles. » Bon, d'accord, je l'appelle... En fait, ça s'est construit comme ça en l'espace de deux ou trois jours. L'un me dit : « Moi, je connais

1. Marika Bret, DRH de *Charlie Hebdo*, amie de Charb, qui a notamment dû quitter son domicile en raison de menaces en plein procès des attentats du 7 janvier 2015.

Xavier Gorce parce que quand j'ai fait l'expo de mon père, il avait répondu et donc j'ai ses coordonnées. Ben oui, tiens, fais-le. » Et ça aurait pu être un plateau tout à fait autre en fonction des réponses qu'on aurait eues. On a invité tous les membres du Conseil national. On n'a pas pu ouvrir à tout le monde pour des questions de sécurité parce qu'on était en pleine pandémie, on avait une jauge limitée à cent. Donc on a invité les membres du Conseil national et on a dit à ceux qu'on a invités, à Sophia, à Marika, à Xavier : « vous pouvez inviter autour de vous dix, quinze personnes ». Ça s'est fait comme ça. Et donc, on a eu le plaisir de croiser ici des personnes qui ne seraient pas venues, qui étaient contentes de se retrouver là. Et – enfin ! – je reviens sur la base : on rend hommage aux victimes de l'attentat contre *Charlie Hebdo*. On rend hommage...

R.E. : Vous prêchez un convaincu.

F.R. : C'est pour ça que même Elsa Faucillon, elle-même le dit, il faut rendre hommage aux victimes. Cette soirée était une soirée hommage.

R.E. : Oui, mais ce que je veux dire, c'est que quand Elsa Faucillon s'en est indignée avec d'autres, ils le faisaient au nom du fait que les gens qui étaient invités (et qui étaient plus légitimes que d'autres d'être là), ce ne sont pas simplement les gens dont vous aviez le numéro de téléphone, ce sont aussi des gens qui avaient bossé dans le journal et des gens qui étaient intimes avec les victimes. Ce sont des gens qui, pour certains, ont failli mourir et qui n'étaient pas communistes. Le choix de les inviter était-il aussi une façon peut-être pédagogique à l'endroit des militants, de leur dire que, comme vous aimez à le penser, les individus sont peut-être parfois plus importants que les idées ?

F.R. : C'étaient les hommes, mais aussi les idées qu'ils défendaient.

R.E. : Xavier Gorce n'est pas communiste. Sophia Aram non plus. Caroline Fourest non plus.

F.R. : Bien sûr, mais moi, je parle de ceux qui sont morts. Je parle de celles et ceux qui sont morts. Et je voulais le dire et je l'ai dit. Parce qu'il y a des bruits de fond que je n'aime pas et qui pouvaient laisser entendre que Charb, Wolinski, Cabu étaient islamophobes et racistes.

R.E. : Pourquoi ceci vous paraît-il injuste et inqualifiable ?

F.R. : D'abord, il faut noter que les gens ici ne le disent pas ouvertement, hormis quelques extrémistes. Mais en tout cas, dans mon parti, je n'accepterai pas qu'on dise cela. Et je voulais le dire clairement en tant que secrétaire national. J'ai dit, c'est écrit et enregistré, que ces hommes, ces femmes étaient éperdument épris d'humanité, étaient profondément humanistes et antiracistes, profondément attachés aux valeurs de la République, et profondément de gauche. Wolinski, Charb... Deux frères, deux camarades du Parti communiste français, dont les dessins ont alimenté, parfois avec une pointe acerbe, les discours, les idées que l'on pouvait faire. Je l'ai dit ce soir-là, on s'est engueulés avec eux. Ils nous ont engueulés, mais combien ça faisait du bien de se faire engueuler par eux, et je préférerais mille fois que l'on continue à s'engueuler, plutôt qu'ils soient morts. C'est ça que je voulais dire. Comment peut-on une seule seconde s'imaginer que ces hommes-là aient été racistes ? Ils étaient profondément si humains ! Et la deuxième chose que j'ai voulu dire, c'est que c'étaient aussi d'abord des journalistes et des caricaturistes. Et en France, la caricature est un droit sacré. Il doit être respecté, que ça plaise ou non.

R.E. : Si Cabu, Charb, Wolinski, Honoré, Tignous n'étaient pas racistes à vos yeux, c'est parce que le blasphème, ce n'est pas le racisme.

F.R. : Bien sûr que le blasphème n'est pas le racisme, c'est la spécificité du droit français dans lequel le blasphème n'existe pas. Mais aussi, je voulais réhabiliter en quelque sorte leur engagement à gauche. Ils sont pour moi des révolutionnaires.

R.E. : Certainement, mais je veux rester sur cette histoire de blasphème. Bien des gens aujourd'hui considèrent que la lutte contre le racisme passe par la lutte contre le blasphème, et demandent à la loi de réprimer non seulement ce qui humilie (comme le racisme), mais également ce qui choque, ce qui peut offenser, comme le blasphème. Est-ce que cette façon de lutter vous paraît hors sujet ? Vous paraît-elle manquer l'essentiel ? ou une nuance fondamentale à faire qui est celle que vous posez implicitement quand vous invitez Sophia Aram, etc. ? Si vous soupçonniez Sophia Aram ou Xavier Gorce de racisme, ils ne seraient pas invités place du Colonel-Fabien. Comment vous répondez aux gens qui disent que la France est raciste parce qu'elle réprime le blasphème ? Y a-t-il des débats au sein du PCF sur cette question ?

F.R. : Franchement, non.

R.E. : D'accord. Vous n'êtes pas des gauchistes.

F.R. : Archi pas non plus ! *[re-rires]* C'est même toute notre différence, justement. Nous sommes un parti antiraciste et notre combat, nos combats pour l'indépendance des peuples, pour la fin de la guerre d'Algérie, font que personne ne peut douter un seul instant de cet engagement-là.

R.E. : Mais chez vous, la raison sociale l'emporte sur la raison sociétale. La lutte des classes l'emporte sur la défense des minorités.

F.R. : Nous sommes profondément engagés dans une République laïque et, dans cette République laïque, il y a des règles que nous défendons d'une manière ferme. C'est la loi de 1905. Elle implique aussi le droit à la critique des religions qui est une originalité dans le monde et en Europe. C'est notre originalité. Qui n'existe pas ailleurs et on l'oublie. Ne reculons pas ! Je veux rendre hommage à des hommes progressistes, humanistes, communistes, mais aussi défendre la liberté d'expression, le droit à la critique des religions, et le défendre, car c'est la France.

## *La République ou la révolution ?*

Raphaël Enthoven : Question simple, mais redoutable : quel drapeau l'emporte en vous ?

Fabien Roussel : Ben, les deux !

R.E. : Ah, non. Trop facile.

F.R. : Entre le drapeau rouge et le drapeau bleu blanc rouge ? Pour moi, ils se marient. C'est comme un couple, qui l'emporte entre l'homme et la femme ?

R.E. : Ce n'est pas pareil. Le couple d'un homme et d'une femme ou d'un homme et d'un homme n'est pas de même nature que le couple d'un républicain et d'un révolutionnaire. Un républicain et un révolutionnaire vivent plus difficilement sous le même toit qu'un homme et une femme. Vous voyez ce que je veux dire... En vous-même, vous diriez que le premier mot, c'est « républicain » ou « révolutionnaire » ?

F.R. : Le premier combat, c'est de faire vivre les deux.

R.E. : Non, mais non ! C'est de la langue de bois.

F.R. : Non, c'est un combat. L'amour est un combat.

R.E. : L'amour n'est pas révolutionnaire. À lire Albert Camus...

F.R. : Certains diront que c'est un sentiment petit-bourgeois. Pour moi, l'amour est révolutionnaire. Et faire vivre ces deux drapeaux porteurs de sens, d'histoire et de progrès, et de malheurs aussi, c'est ça mon combat.

R.E. : Alors, je vous repose la question. Qui l'emporte : les hommes ou les idées ?

F.R. : Il n'y a pas d'idées sans hommes.

R.E. : Oui, d'accord. Mais est-ce que le sacrifice de la liberté des hommes, au nom d'une idée supérieure encore, vous paraît envisageable ? Car ça, c'est l'éthique révolutionnaire. Un révolutionnaire considère que la perte de quelques-uns est acceptable, si elle est nécessaire au salut du plus grand nombre... Un républicain ne pourra pas dire ça. On ne peut pas être les deux.

F.R. : Je suis un révolutionnaire français. Un révolutionnaire qui puise ses racines dans une France qui a mené les combats les plus beaux. C'est la raison pour laquelle, pour moi, ces deux drapeaux doivent vivre ensemble. Il n'y en a pas un qui doit s'effacer derrière l'autre. Ils vivent ensemble parce que derrière le drapeau rouge, il y a les plus belles conquêtes du mouvement ouvrier. Mais chaque fois que la France était dans l'ornière, chaque fois que la France était plus bas que terre, c'est le peuple qui l'a redressée. C'est le peuple qui l'a sortie du fond du trou, dans la Résistance ou les « trente glorieuses ». C'est le peuple qui a reconstruit la France et fait sa prospérité. La Résistance, c'est le peuple qui l'a menée. Et chaque fois, le Parti communiste était du côté du peuple. Charonne, c'est la CGT et le Parti communiste français... Ils sont un million dans la rue, pour dire « fin aux attentats de l'OAS » et « pour l'indépendance du peuple algérien ». Ce peuple-là, c'est le drapeau rouge et c'est le drapeau bleu blanc rouge aussi. C'est la France. C'est de Gaulle qui va signer les accords d'Évian, mais poussé par le peuple.

R.E. : Nous nous trouvons en ce moment dans votre bureau, place du Colonel-Fabien. Évidemment, je me suis amusé du fait que vous ayez le même prénom, avant de découvrir que ce n'est pas innocent et que c'est en référence à la place du Colonel-Fabien que vous-même avez reçu votre prénom. Vous êtes communiste depuis toujours, même avant la naissance ?

F.R. : En un sens, oui !

R.E. : On ne devient pas communiste, on le naît ?

F.R. : Je suis né dans une famille de militants. Mon papa et ma maman, quand ils se sont connus, à 20 ans, étaient militants du Parti communiste français. Je suis le premier de leurs enfants. Ma mère a perdu un enfant qui est mort dans son ventre. Je suis né un an après, et le nom qu'ils ont choisi de me donner, c'est le pseudonyme de Pierre Georges, le « colonel Fabien ». C'est porteur de sens, j'en ai bien conscience, d'autant qu'ils me l'ont dit quand j'étais adolescent. Je ne suis pas né avec ça dans le berceau. Il ne faut pas exagérer. Mais quand j'ai demandé, quand on a l'âge de poser cette question, d'où venait mon nom, mon prénom, j'ai fait connaissance avec l'histoire de Pierre Georges, le premier Français à tuer un soldat allemand, ici à Paris, dans une station de métro, et qui, tout de suite, a fait le choix de s'engager dans la Résistance.

R.E. : C'était le premier attentat meurtrier contre les troupes d'occupation. Le 21 août 1941, à la station de métro Barbès, dont le choix venait de la courbure prononcée de son quai, qui permettait de fuir plus facilement...

F.R. : Oui. Pierre Georges fait partie de ceux qui libèrent Paris. Paris libéré et libéré par soi-même, par la France. Donc, c'est un grand résistant. Et un bel héritage à porter.

R.E. : Est-ce que la découverte de l'origine de ce prénom, le contexte dans lequel on vous l'apprend, l'âge que vous avez à ce moment-là, déterminent un engagement militant ou pas ? Quand est-ce que la chose publique vous prend aux tripes ?

F.R. : Je ne me souviens pas du jour où j'ai posé la question. Mais on me l'a dit, bien sûr. Je le sais, je le sais, c'est tout.

R.E. : Mais vous n'en faites rien à l'adolescence.

F.R. : Rien du tout. Je le sais, c'est tout. C'est plus tard, quand on est adulte et qu'on commence à s'intéresser à l'histoire de son pays, que je fais des recherches, et que je vois tout ce qu'il a fait. J'ai eu l'honneur de rencontrer sa fille lors de l'anniversaire de la Commune de Paris. Là, j'ai été très ému parce que je mesure aujourd'hui à ma charge le poids historique qu'il y a derrière ce nom. Quand on voit sa fille, on embrasse l'histoire. J'étais pour ça très ému. Mais non, ce n'est pas ça qui détermine mon engagement.

R.E. : Que s'est-il passé ? Il y a bien un événement, il y a bien un épisode qui vous a poussé dans la politique ?

F.R. : Vraiment, ce qui me fait m'engager, c'est le combat contre l'apartheid et pour la libération de

Nelson Mandela. Je voyais des images à la télévision de la répression dure contre les Noirs qui vivaient dans les ghettos et c'est juste un sentiment humain d'injustice qui m'a saisi.

R.E. : On est dans les années 1980 ?

F.R. : Les années 1980, oui. Ce qui me fait m'engager, c'est que je comprends qu'être en colère contre l'apartheid tout seul dans son coin ne produit rien. On peut être en colère, on peut jeter ses chaussures contre la télévision, « bande de salauds ! » : ça ne sert à rien. En revanche, si on s'additionne, si on se retrouve, si on s'organise, si on décide de mener des actions, là, quelque chose se passe. C'est comme ça.

R.E. : Concrètement, qu'avez-vous fait à ce moment-là ?

F.R. : On s'est retrouvés à mener des opérations coup de poing contre le ministère des Affaires étrangères. On est en 1990. Fabius est Premier ministre et aux Affaires étrangères, c'est Roland Dumas. On gueulait contre le gouvernement socialiste de l'époque, car il faisait le choix du commerce et du commerce des armes avec l'Afrique du Sud, ce régime d'apartheid. C'est pour ça que j'ai été en colère quand Nelson Mandela est mort et que je les ai tous vus pleurer et verser des larmes de crocodile sur sa tombe, car ils ont été tous complices auparavant du gouvernement de Pik Botha, le gouvernement raciste de l'apartheid. En tout cas, pour moi, avec mes camarades, c'était ça. Mes premiers pas dans l'activité, c'étaient des opérations coup de poing. Se retrouver à la sortie d'un métro, où l'on arrivait séparés. On ne se parlait pas, on se reconnaissait. Et puis, d'un seul coup, on courait. Et on envahissait le ministère des Affaires étrangères. On se retrouvait à l'intérieur du Quai d'Orsay pour y crier des slogans : « Libérez Mandela, libérez Mandela ! ». La police arrivait. On se faisait tabasser, expulser du ministère. On a eu une opération coup de poing qui a fait du bruit contre l'ambassade d'Afrique du Sud que l'on a réussi à envahir. À l'époque, on écrivait des slogans sur les murs à la bombe de peinture : « Libérez Nelson Mandela ». Je me suis fait embarquer plusieurs fois par la police. Le maire de Champigny venait me rechercher le soir, me libérer ; ces activités militantes m'ont forgé. J'ai vécu deux ans au Vietnam. Ça aussi, ça a été important pour moi. Mon père était journaliste pour *L'Humanité* là-bas. Moi, j'étais adolescent. J'avais 14-15 ans et je ne faisais pas de politique. Mais c'est en revenant en France que j'ai découvert la France. Et ce que j'ai appris, c'est qu'en allant à l'étranger, on découvre son pays...

R.E. : Pour le meilleur ou pour le pire ?

F.R. : Pour le meilleur et pour le pire.

R.E. : Êtes-vous rentré du Vietnam avec le sentiment que la France était une démocratie exemplaire ou avec le sentiment que la France était un régime injuste ?

F.R. : Avec le sentiment qu'on était différents. Ce n'était pas politique.

R.E. : D'accord, ce n'était pas politique à l'époque.

F.R. : La découverte d'une culture étrangère a mis l'accent sur la culture française, et on ne peut pas comparer des peuples aux histoires, aux cultures si différentes. Mais je me souviens toujours de ces embouteillages de vélos à Hanoï, avec des Vietnamiens calmes et souriants. Quand ils tombaient à vélo, quand ils se rentraient dedans, ça ne se disputait pas... Et je rentrais en France et, là, je voyais des embouteillages de voitures...

R.E. : Ça s'insultait, etc.

F.R. : Ah la la ! Je me disais : « les Français sont terribles », et ça me faisait sourire. Mais c'était ça qui montrait que c'était différent. Je voyais un pays qui sortait de la guerre en 1983 (les Américains sont partis en 1975). Je m'étais fait des amis vietnamiens, j'allais au théâtre avec eux. Les théâtres étaient bondés. Je me suis fait soigner d'une allergie que j'avais par des médecins vietnamiens qui m'ont soigné par l'acupuncture, alors qu'en France ils n'avaient pas réussi à me soigner. Or, ce pays était dans la grande pauvreté, dans la misère, mais il mettait le paquet sur la santé et l'éducation, sur la culture. Ils n'avaient pas tous à manger, mais ils mangeaient un peu tous.

R.E. : Oui, ils n'étaient pas libres, non plus.

F.R. : Le régime qu'ils avaient, c'étaient les résistants. C'étaient ceux qui avaient fait la résistance, qui avaient combattu les Américains. C'étaient des héros. Ce n'étaient pas forcément les meilleurs économistes.

R.E. : Ni les plus grands démocrates.

F.R. : C'étaient des héros.

R.E. : C'est ça.

F.R. : Et les Vietnamiens... Le Vietnam que j'ai vu était un Vietnam heureux d'être libre d'abord et qui faisait la fête. Il allait au théâtre. Je me souviens de ce théâtre vietnamien, à Hanoï, avec une tête de Gaulois, bâtie par les Français. On a appris aux Vietnamiens que leurs ancêtres étaient des Gaulois ! C'est là que j'ai mesuré le poids de la guerre et du colonialisme. Et le goût de la liberté.

R.E. : Quel est le mot qui vous plaît le plus ? Parce qu'en vous écoutant, on se demande ce qui a le plus d'importance pour vous : est-ce que c'est le mot « enracinement » ou « déracinement » ?

F.R. : Oh. C'est l'enracinement.

R.E. : Parce que le déracinement, au sens qu'un communiste peut donner à ce terme, c'est aussi la capacité à s'arracher à ses déterminations, à surmonter sa sociologie, à se défaire de ses liens, non ?

F.R. : On appelle ça l'« internationalisme ».

R.E. : Si vous voulez. S'arracher à ses déterminations, c'est aussi s'arracher à un sol. Bien des gens qui vous ont critiqué au moment de la querelle du « bon vin » se vivaient comme les héritiers d'une tradition communiste qui consistait aussi à ne pas être ancré quelque part, mais à être de toutes les nations. Est-ce que cette figure du déracinement continue d'avoir son importance ou est-ce que vous êtes plutôt partisan du génie singulier de chaque peuple ? Qu'est-ce qui l'emporte chez vous ?

F.R. : Je suis extrêmement attaché à mes racines. Je ne pourrais pas vivre ailleurs que dans mon pays. Parce que je l'adore plus que tout, sa culture, sa gastronomie, les coups de menton des Français comme leur immense générosité.

R.E. : Et les pages sombres aussi.

F.R. : J'en prends tout. C'est notre histoire. Mais je retiens de mon expérience personnelle d'avoir eu la chance de pouvoir voyager. C'est une chance immense de pouvoir offrir cela à ses enfants. Partir à l'étranger ! Les programmes comme Erasmus, je veux les multiplier. Parce que partir à l'étranger, c'est mieux connaître son propre pays, c'est aimer encore plus sa propre culture. Découvrir les autres, c'est se découvrir soi-même et c'est une chance incroyable. D'ailleurs, je le dis dans mon programme, quand je parle de la jeunesse, je pense que notre défi, c'est qu'on ait une France totalement bilingue, trilingue, une jeunesse qui voyage. La France est un pays de commerce et de production au cœur de l'Europe avec l'Atlantique d'un côté, et l'Oural de l'autre.

R.E. : Dans *Zarathoustra*, Nietzsche dit qu'un arbre va d'autant plus haut que ses racines sont plus profondes. Ça vous va ?

F.R. : Mais c'est tout à fait ça ! Des racines profondes qui nous permettent d'aller loin. C'est quand on sait vraiment d'où on vient et ce que l'on est que l'on peut être encore plus fort pour pouvoir coopérer et commercer, découvrir et puis s'aimer entre nous.

R.E. : Bien sûr. Vous avez dit tout à l'heure que la lutte contre l'apartheid avait été un moment important pour vous. Comment répondez-vous aux communistes aux yeux de qui Israël aujourd'hui pratique un régime d'apartheid ? Je ne vous parle pas des critiques légitimes qu'un gouvernement doit recevoir, celui-là comme un autre ; mais l'emploi de ce terme ne vous semble-t-il pas abusif dans cette situation-là ?

F.R. : Qu'il plaise ou qu'il ne plaise pas au gouvernement israélien d'aujourd'hui, ce terme est employé par des ONG. Et il vient d'y avoir encore un rapport récent d'Amnesty International qui réemploie ce terme avec des preuves à l'appui.

R.E. : La situation des Palestiniens en Israël vous paraît-elle comparable à la situation des Noirs en Afrique du Sud, à l'époque de l'apartheid ?

F.R. : Si le mot désigne l'exclusion totale d'une population en fonction de son origine ou de sa religion, alors oui, je trouve des similitudes entre les deux États.

R.E. : Jusqu'où par exemple ? À quel point une démocratie parlementaire avec séparation des pouvoirs, liberté d'expression et proportionnelle intégrale, qui permet à tous les Israéliens de toute confession de se présenter aux élections, vous paraît-elle comparable avec un régime qui revendique officiellement la « ségrégation raciale » ?

F.R. : C'est un gouvernement d'extrême droite aujourd'hui, en Israël.

R.E. : La coalition Bennett[1] ?

F.R. : Oui.

R.E. : Autant que Netanyahou ?

F.R. : Oui, je le dis, oui.

R.E. : Soit.

F.R. : Sa majorité vient de voter une nouvelle fois, comme tous les ans, une loi interdisant à un citoyen israélien de vivre avec un citoyen provenant de Gaza et de Cisjordanie : ils n'ont pas le droit. Un Arabe qui a la citoyenneté israélienne n'a pas le droit de vivre avec un Arabe issu de Cisjordanie et de Gaza. Ils n'ont pas le droit de vivre ensemble !

R.E. : Mais est-ce que le fait de parler d'un Arabe qui a la citoyenneté israélienne n'est pas déjà une différence considérable avec le régime raciste d'Afrique du Sud ? Est-ce que cette seule expression n'est pas en elle-même un démenti à la comparaison ?

F.R. : Quel statut donne ce gouvernement israélien à ceux qui vivent dans les territoires de Cisjordanie et de

1. À l'heure où cette discussion est enregistrée, Israël est gouverné par Naftali Bennett depuis le 13 juin 2021, à la tête d'une coalition hétéroclite qui va de la gauche à l'extrême droite.

Gaza ? Ce ne sont pas des citoyens égaux à ceux d'Israël. Ils n'ont pas les mêmes droits de travailler, de circuler, de se marier, de vivre dans une maison puisque leurs biens sont spoliés. Quand l'ONU vote des résolutions pour demander l'arrêt de la colonisation, et l'arrêt des expulsions des citoyens arabes, ce n'est pas parce qu'ils ont posé des bombes, c'est parce que la politique de colonisation qui se mène depuis des dizaines d'années dans les territoires que l'on appelle « occupés »...

R.E. : Mais, encore une fois, est-ce que vous voyez un équivalent de Soweto[1] en Israël ? Le combat pour la défense des Palestiniens est-il pour vous de même importance et de même ampleur que le combat pour la défense des Noirs dans l'Afrique du Sud des années 1980 ?

F.R. : C'est un combat de même ampleur aujourd'hui que de permettre au peuple palestinien de vivre dans un État sûr, viable économiquement, sécurisé, aux côtés d'un peuple israélien, qui a les mêmes droits de vivre dans un État.

R.E. : Là, nous sommes d'accord. Mais c'est le mot d'« apartheid »...

1. Soweto est un township sud-africain, dont le nom est resté célèbre en raison des 23 personnes tuées lors des émeutes de juin 1976 par la police qui tirait à balles réelles sur la foule.

F.R. : C'est anachronique, aujourd'hui au XXIe siècle, qu'autant de résolutions de l'ONU soient toujours bafouées quand on en fait des caisses pour d'autres faits d'actualité. Je pense d'ailleurs que, aujourd'hui, c'est pareil. L'Arménie, on n'en parle pas.

R.E. : Les Ouïghours non plus.

F.R. : Et on devrait parler tout autant des Palestiniens parce que, depuis des dizaines et des dizaines d'années, un peuple souffre et se meurt. Voilà. Pourquoi ? Et imaginez, maintenant, à l'inverse, imaginez que, comme pour l'Afrique du Sud...

R.E. : Enfin, c'est un peuple qui a des députés à la Knesset, qui a autant de droits que les autres...

F.R. : Oui, et puis il a aussi des députés en prison.

R.E. : Oui.

F.R. : Imaginez que l'on arrive à mettre un terme à ce conflit. Que les barbelés tombent, que les *checkpoints* disparaissent, qu'ils puissent vivre et s'aimer ensemble...

R.E. : Que les attentats cessent...

F.R. : Les attentats et les bombardements. Les attentats *et* les bombardements.

R.E. : Ça vous paraît comparable ?

F.R. : Imaginez qu'ils aient accès à la nourriture, à l'eau, dans les mêmes droits, ou à des hôpitaux, à se faire soigner ? Imaginez un peu l'espoir que ça soulèverait. Pour tous les peuples des pays arabes jusqu'à la France, imaginez. C'est ce combat-là, moi, que je veux mener, c'est ce combat pour l'amitié entre les peuples, qui consiste à mettre fin à cette stratégie de tension permanente, de guerre permanente, où je dis que le gouvernement d'extrême droite israélien a en face un interlocuteur d'extrême droite, qui est le Hamas. Les deux se répondent en écho.

R.E. : Là encore, nous sommes d'accord. Ce qui me paraît excessif, et peut-être, d'une certaine manière, contre-productif, c'est le fait de mettre sur le même plan, par exemple, des terroristes qui tuent des populations civiles indifféremment et une armée légale qui, dans la mesure du possible, que ses motifs soient moraux ou cyniques, essaie de l'éviter. Ou d'employer un mot qui qualifiait un régime officiellement raciste, pour désigner le seul État démocratique du Proche et Moyen-Orient.

F.R. : Ce n'est pas nous qui employons le mot d'« apartheid ».

# *La gauche à l'épreuve du communautarisme*

Raphaël Enthoven : Changeons de sujet. Que vous inspirent les *woke*, aujourd'hui ? Qu'est-ce que l'identitarisme de gauche inspire au révolutionnaire que vous êtes ?

Fabien Roussel : Je vais vous faire rire, mais vous savez qu'au début, il n'y a pas si longtemps que ça, je ne savais pas ce que c'était. Je ne comprenais pas, sincèrement.

R.E. : Une fois qu'on vous l'avait expliqué, vous continuiez de ne pas comprendre ?

F.R. : J'ai cru que c'était un plat. Rentrant chez moi, à Saint-Amand-les-Eaux, dans un café, j'ai demandé : « Mais vous savez ce que c'est vous, les *woke* ? » Alors là, c'est comme si je parlais chinois. Donc j'ai dû m'y pencher. J'ai compris que c'était un mouvement venant des États-Unis qui visait à défendre les minorités. Je me dis : « Moi qui suis communiste, je suis *woke* ! Je me bats contre le racisme, les opprimés, donc je n'ai pas de problème, je suis *woke.* » Où est le débat ? Je n'ai pas de souci avec ça.

R.E. : Et quand découvrez-vous qu'il y a dans ce discours quelque chose qui ne fonctionne pas ?

F.R. : Quand je m'aperçois que ce n'est pas seulement un mouvement, c'est une mode, une méthode d'organisation et de lutte...

R.E. : L'organisation, c'est le fond de l'affaire.

F.R. : C'est le fond de l'affaire. Parce que si le combat contre toute forme de discrimination est de nous renvoyer justement à notre couleur, à notre origine, d'où l'on vient, à notre genre, à notre sexe : alors, c'est terrible. Et là, je dis, les capitalistes ont gagné ; ils ont réussi à nous diviser.

R.E. : Comment vivez-vous d'ailleurs le business identitaire ? Le fait que McDo dise aux gens : « Venez comme vous êtes ». La célébration de l'identité personnelle en toutes circonstances ?

F.R. : C'est à mon avis un courant de pensée qui est alimenté par les Américains bien-pensants, bien fortunés et qui défendent leur système...

R.E. : Sous prétexte d'inclusion, vous diriez qu'ils figent la société ?

F.R. : Mais bien sûr, et qu'ils empêchent toute forme de lutte révolutionnaire et populaire où l'on se retrouve ensemble, Blancs, Noirs, hommes, femmes.

R.E. : J'y viens justement. Comment répondez-vous, vous le républicain, aux gens qui disent que le féminisme, c'est l'affaire des femmes ? Ou que l'antisémitisme, c'est l'affaire des juifs, la négrophobie, l'affaire des Noirs, l'islamophobie, l'affaire des musulmans, la corrida, l'affaire des taureaux, etc. ?

F.R. : Je ne partage pas du tout cette vision des choses où l'on range dans des cases chaque combat, chaque lutte, chaque personne, chaque problème. L'humain d'abord. La défense de la dignité humaine, le respect de la dignité humaine, quels que soient son sexe, son genre, sa couleur, sa religion, son origine. C'est ça, c'est notre combat à nous. Quand je me suis engagé au Parti communiste français pour défendre Nelson Mandela, pour lutter contre l'apartheid, on ne se réunissait pas entre Noirs. Pour lutter contre l'apartheid, je faisais des assemblées générales, je m'adressais à tous les lycéens : on devait en faire un combat populaire. Populaire ! La lutte contre le racisme et contre l'antisémitisme, on doit en faire un combat populaire, et tous ensemble, on doit se battre pour faire respecter les droits de chacun. Et c'est comme ça qu'on s'est toujours battus. Nous qui sommes le parti pour l'indépendance de l'Algérie, pour le respect du peuple chilien ou du peuple vietnamien, nous n'avons jamais rentré les gens dans des cases en fonction de leur couleur ou de leur origine. On s'est battus pour l'émancipation des peuples.

R.E. : Quand vous avez affaire à des gens qui veulent absolument, au nom de l'égalité ou de la justice, pratiquer par exemple la non-mixité ou...

F.R. : Je me suis opposé à ça, parce que ce n'est pas ma conception de la lutte et du combat. Même si je sais que les féministes, y compris dans mon parti, les femmes avaient besoin de se voir entre elles pour parler.

R.E. : La non-mixité féministe, ce n'est pas la même chose que la non-mixité raciale. Dans notre République conservatrice, le patriarcat existe davantage que le « blanctriarcat ».

F.R. : Et puis, que l'on puisse échanger, sur des faits graves, une souffrance, c'est une chose. Mais l'ériger en mode de combat ! C'est ça que je ne partage pas. On doit ensemble se battre, hommes et femmes, pour une société, une République féministe. Le féminisme, ce n'est pas que l'affaire des femmes. De façon générale, quand je rencontre quelqu'un, jamais je ne demande d'où il vient, ni quelle est sa religion, ni quel est son pays d'origine.

R.E. : Ni à quel titre il est fondé à vous dire ce qu'il vous dit.

F.R. : Exactement.

R.E. : Ce n'est pas très marxiste, ça. La question de savoir « qui parle » est essentielle à une grille de lecture qui interprète les discours en termes de luttes des classes. Diriez-vous que l'identité sociale ou raciale d'un individu est indifférente dans l'évaluation d'un comportement ?

F.R. : Les exploiteurs de la classe ouvrière sont de toutes les couleurs, de tous les sexes et de tous les genres. Parce qu'on serait femme, ou de telle religion, de tel sexe, on ne serait pas capitaliste, exploiteur de gens, dominateur, etc. ? C'est de la connerie en barre.

R.E. : Mais quand vous êtes candidat à la présidentielle, vous présentez-vous comme un candidat pour tous les Français qui peuvent y trouver leur intérêt, même ceux qui *a priori* ne vont pas voter pour vous ? Ou est-ce que vous êtes d'abord le candidat d'une gauche populaire que vous voulez représenter, et dont, sans espérer qu'elle devienne majoritaire dans ce pays, vous espérez qu'elle grossira sous votre bannière ? Quelle est l'ambition ?

F.R. : Je souhaite parler au peuple. Mais au peuple qui croit que l'on peut se retrouver autour des valeurs de progrès et de justice sociale, car je sais que le peuple est divers. Selon le moment historique, une part du peuple peut s'emparer de la politique et y injecter un contenu de justice sociale et de progrès. Mais le peuple peut aussi consentir à des politiques qui font partie de la pire histoire de France. On l'a déjà vécu : 1936 a précédé 1940. Je souhaite, moi, faire grandir les valeurs de justice, de progrès et de solidarité pour que ça instille, ça diffuse, ça infuse dans le peuple. Je veux qu'on *s'aime*, en utilisant les deux mots : « semer » et « aimer ».

R.E. : Qui est le peuple ?

F.R. : Mais justement, il est extrêmement difficile de...

R.E. : On en a déjà parlé, trop rapidement. Quand Marx attribue au prolétariat le titre d'« humanité tout entière » au nom de l'« universalité de ses souffrances », il donne le jour à la tentation populiste qui consiste à confondre le « peuple » avec la « masse » des gens qui sont d'accord avec soi. Combien de candidats se sont présentés comme les « candidats du peuple », qui n'étaient en vérité que les candidats de leur clientèle ? Le « peuple » de Sarkozy n'était pas le « peuple » de Marine Le Pen, qui n'était pas le « peuple » de Mélenchon, etc.

Qu'est-ce qui vous distingue de cette captation du peuple par la partie du peuple qui correspond à votre clientèle ?

F.R. : Qu'est-ce que la politique ?

R.E. : C'est la même question.

F.R. : Pour moi, la politique, c'est accepter que dans chaque être humain, il y ait une part d'ombre et une part de lumière. Il y a des défauts et des qualités. La générosité va côtoyer la jalousie dans chaque être ; et le rôle de la politique - c'est ma conception à moi et ce n'est pas la même pour tous -, c'est de pouvoir faire grandir ce qu'il y a de meilleur dans chaque être humain. La générosité, la solidarité, la fraternité ; et d'autres font de la politique en faisant le choix de faire briller ce qu'il y a de plus sombre dans chaque être humain. Le chacun pour soi, l'individualisme, l'égoïsme. Je pense que les responsables politiques, les chefs de parti et ceux qui se présentent aux élections ont une immense responsabilité. Le peuple ne peut pas être idéalisé. Le peuple n'est pas naturellement bon ni généreux. Mais je vais parler comme un curé : nous avons besoin de communier, de partager de belles valeurs ensemble, et d'en être convaincus. C'est à une prise de conscience que j'en appelle. Je vais vous citer une formule que m'a enseignée

Alain Bocquet[1], qui est mon père spirituel : « Dans la société, chacun son rôle. Les curés s'occupent des âmes, les kinés s'occupent des corps, les amants s'occupent des cœurs, les communistes s'occupent des consciences. » Pour moi, faire de la politique, c'est justement tous les jours alimenter, nourrir, arroser les graines que l'on sème. Faire grandir dans une entreprise le collectif, la solidarité humaine, faire grandir dans les quartiers l'entraide. J'ai eu cinq minutes de retard ce matin, en déposant mes chemises au pressing, parce que je parlais avec une dame. Elle m'a dit : « Mais c'est vous ! Moi, j'aime Saint-Denis. Ça a changé, Saint-Denis. Ma mère distribuait *L'Humanité...* »

R.E. : Et aujourd'hui, elle, elle vote Zemmour ?

F.R. : Non, non. Elle me dit : « Mon père est mort, j'avais un an. Ma mère avait cinq enfants. Elle était cantinière. Ça a été dur pour elle. Et ce sont les communistes qui sont venus l'aider à joindre les deux bouts, et l'aider à ce qu'elle puisse élever les cinq enfants. »

1. Membre du Parti communiste français, Alain Bocquet est député du Nord de 1978 à 2017 et président du groupe communiste à l'Assemblée nationale de 1993 à 2007. Il est conseiller régional du Nord-Pas-de-Calais de 1992 à 1998 et maire de Saint-Amand-les-Eaux depuis 1995.

J'ai dit : « Vous voyez, cette solidarité-là, elle manque tellement dans le pays aujourd'hui, et je souhaite la faire revivre. Pour moi, c'est tout le sens de notre engagement. » Mais même, je ne demande même pas qu'il soit du Parti communiste français. Aujourd'hui d'ailleurs, on a tellement reculé que cette solidarité n'existe plus et que, parfois, ce sont des associations qui la font vivre. Mais de la plus belle des manières ! Il n'y a pas un contenu politique derrière. Elles existent quand même. Et parfois elle recule, il n'y a plus rien. Et là, c'est la guerre. La guerre, c'est quand chacun pour soi est enfermé dans son appartement, aux dépens de la solidarité. C'est le système D. Là, c'est la guerre. Et là, il y a les mafias qui arrivent. Là, il y a des réseaux islamistes qui s'implantent. Là, c'est dangereux, quand disparaît le terreau de la solidarité et de la fraternité humaine. J'adore cette affiche de l'Église : « Nous avons tant besoin de fraternité ». Mais c'est vrai ! Et donc à la question « Qu'est-ce que le peuple ? », je préfère répondre par une autre question : « Qu'est-ce que la politique ? » Et pour moi, la politique, c'est remettre de la solidarité et faire vivre cette solidarité et cette fraternité, cette générosité qui existe dans chaque être humain et quand les êtres humains en ont conscience et qu'ils la font vivre ensemble, c'est comme ça qu'on fait naître un projet humain et révolutionnaire.

R.E. : Vous avez dit : « le plaisir, c'est de gauche ».

F.R. : Oui, la jouissance, c'est de gauche.

R.E. : Alors, je reviens en arrière. Vous avez parlé de communion. Vous saluez le slogan de l'Église sur la fraternité. Je vous dois une confidence. J'ai eu un peu le sentiment, en entrant ici, d'entrer dans une cathédrale ; et c'est un lieu commun de dire que d'une certaine manière, le Parti communiste aussi est une religion, à sa manière ; que le communisme a été une religion, une religion certes sans Dieu, mais enfin une religion. Ce qu'il peut y avoir de religieux dans un mouvement comme celui-là, c'est que les valeurs qui sont en général celles du Parti communiste sont des valeurs qui sont aussi universelles que les valeurs théologales. Et il y a en cela quelque chose de tout à fait iconoclaste, me semble-t-il, mais vous allez me dire peut-être que non, dans la célébration par le premier secrétaire du Parti communiste du plaisir et de la jouissance, c'est-à-dire de vertus qui sont aussi des vertus égoïstes. C'est un peu comme l'amitié. Si vous faites à dîner chez vous, vous n'allez pas inviter le tout-venant, vous allez inviter vos bons amis, les gens avec qui vous aurez plaisir à vous attabler. Ce sont des vertus sélectives. Le plaisir, c'est une vertu sélective. La jouissance, c'est une vertu individualiste aussi. C'est un plaisir individuel aussi. Est-ce que dans la célébration de ces plaisirs-là, de ces « vertus »-là, entre guillemets, peut-être, il n'y a pas quelque chose pour le coup qui prend le contrepied de l'orthodoxie communiste, et des tempéraments dévoués qu'elle suppose ? Des curés communistes, on en connaît...

F.R. : Oui, mais on connaît surtout des dirigeants de droite et sociaux-démocrates qui nous ont fait pleurer depuis quinze ans.

R.E. : Vous voulez parler de tous les plans d'austérité ?

F.R. : Oui. Le peuple, le monde ouvrier. Et dans le monde ouvrier, je mets autant l'agriculteur que l'ouvrier, que l'enseignant, que l'aide-soignante...

R.E. : Vous parleriez de prolétariat, encore ?

F.R. : Ou de classe ouvrière, au sens large, et j'y mets dedans des artisans, des profs, des ingénieurs ! Cinq ans d'étude, 1 800 euros net par mois. Le prolétariat va jusque-là. On leur dit depuis cinq, dix ans : « Vous n'avez plus le droit de jouir. Vous n'avez plus le droit aux petits plaisirs de la vie. Vous n'avez plus le droit aux plaisirs du quotidien. Vous allez souffrir, vous allez suer le burnous. Vous allez faire des efforts, vous allez accepter que vos factures augmentent. Vous allez accepter que les salaires n'augmentent pas. C'est le prix de la société, de l'austérité, de l'Europe, de machin. » Basta ! Je n'en peux plus d'entendre des discours de souffrance. Les sueurs et les larmes. Ils ont théorisé ça !

R.E. : On disait la vérité quand on disait « sueur et larmes ».

F.R. : Ceux qui nous ont vendu ça comme projet de société, je leur en veux. C'est la droite et ce sont les sociaux-démocrates. Ce sont ceux qui nous disent que le peuple doit forcément en chier. Eh bien non. On veut avoir droit au bonheur. Quand je dis ça, on me traite d'illuminé. On me dit : « il est gentil ».

R.E. : C'est méchant.

F.R. : Et c'est injuste ! Comme si on avait tort de revendiquer le droit au bonheur !

R.E. : En somme, on vous accuse d'irréalisme quand vous réclamez seulement le bonheur...

F.R. : Oui, c'est incroyable. Et puis, regardez les discours des autres candidats. Comment font-ils parler d'eux ? Pécresse fait parler d'elle en disant : « je vais ressortir le karcher de la cave ». Bonjour le projet de société... Et quelle image, justement, du peuple ? Que veut-elle dire ? Qu'on pue ? Qu'on doit être lavés ? Et puis les autres... Macron, je n'en parle pas. Et même les socialistes, qui nous disent : « la dette, il va falloir la payer, hein ». Quand ils disent qu'il va falloir payer, j'ai l'impression d'avoir un fusil sur la tempe. Moi, je dis : « C'est fini les efforts, c'est eux qui vont les faire et je veux avoir droit au bonheur. » Un ouvrier, une enseignante, un ingénieur, un agriculteur, quand il travaille, il a droit au bonheur.

R.E. : Le plaisir est aussi un anesthésiant. Que répondez-vous aux gens dont le projet de société est justement d'endormir la revendication en droguant celui qui revendique, c'est-à-dire en lui ouvrant des droits, en lui disant : « Tu n'auras pas droit au bonheur, mais tu auras droit aux soldes », c'est-à-dire en lui donnant le sentiment qu'il peut avoir, grâce à la société marchande, quantité de petits avantages, de cartes de fidélité... Comment le communiste que vous êtes réagit-il à la façon dont la société de consommation endort la volonté d'émancipation en flattant en nous le confort d'une petite vie (qu'on peut aisément confondre avec le « bon vin » et la « bonne viande »).

F.R. : C'est pire ! Non seulement ils nous empêchent de rêver, mais en plus, ils vont nous chercher jusqu'au dernier petit sou. Ils vont aller nous chercher jusqu'au dernier petit sou via cette société de consommation où, même quand on n'a pas d'argent, il faut que l'on ait tous le dernier téléphone portable high-tech, que l'on aille dépenser nos fins de mois quand les soldes arrivent… et ils ont réussi à faire entrer dans nos têtes que notre génération vivrait moins bien que les générations précédentes. Même ça, combien j'en entends qui disent : « de toute façon, on n'aura plus de retraite »… Les gens, le peuple, le monde du travail, le prolétariat auraient même accepté l'idée qu'il n'y aurait plus de retraites, qu'on ne sait pas si on va pouvoir aller dans un Ehpad et que, si on y va, on ne sait pas comment on va être traité. Alors, comment on fait pour se démerder aujourd'hui ? Il faut prendre une assurance. Et vous voyez un peu, idéologiquement, comment, en tuant le droit au bonheur, le droit au respect, le droit à la dignité humaine, ils nous emmènent vers le marché, vers l'individualisation de la protection ? C'est la fin du modèle social, c'est la fin de la Sécurité sociale. C'est la fin du CNR[1] et du « programme des jours heureux ». Et c'est pour ça que ça a

1. Le Conseil national de la Résistance (CNR) est l'organisme qui dirige et coordonne les différents mouvements de la Résistance intérieure française pendant la Seconde Guerre mondiale, à partir de la mi-1943. Son programme, adopté en mars 1944, prévoit un « plan d'action immédiat » et des « mesures à appliquer dès la libération du territoire », ainsi qu'une liste de réformes sociales et économiques.

un sens énorme de réhabiliter le droit aux jours heureux qu'ils ont réussi à construire en 1945. Mais vous rendez-vous compte ? Imaginez-vous qu'en 1943 ils ont la mitraillette dans la main contre les nazis et en même temps le stylo dans l'autre ? Ils se font torturer, ils sont pourchassés et en même temps ils imaginent le monde de demain. Ils ne se disent même pas si on va gagner ou pas. Ils disent : « on va gagner, et voilà ce qu'on va mettre en place ». Pour nourrir le combat, ils donnent l'espoir. Je suis dans le même état d'esprit. Ce n'est rien d'autre que cet état d'esprit là. Je ne veux plus de déprime, je veux de l'espoir et c'est en nourrissant cet espoir qu'on donnera force à notre combat et qu'on pourra arroser les graines que l'on sème.

## *Comment convaincre un antivax ?*

Raphaël Enthoven : Il faut qu'on parle des vaccins. Vous avez pris des positions très claires. Vous avez rappelé quelques évidences assez douloureuses, notamment le fait que la science, par exemple, doit l'emporter sur l'obscurantisme, ou le refus d'adhérer au complotisme antivax, etc. Comment vivez-vous ces « convois de la liberté » autoproclamés ? Comment comprenez-vous l'emploi du mot « liberté » par des gens qui réclament le droit de ne pas se vacciner, par exemple ? Y voyez-vous une exigence de liberté ? Ou y voyez-vous une mauvaise compréhension de la liberté transformée en loi du plus fort ?

Fabien Roussel : D'abord, je ne caractérise pas un mouvement en mettant tout le monde dans le même sac, je l'ai vécu au moment des Gilets jaunes. J'en ai entendu chez moi qui disaient au début des Gilets jaunes que « c'étaient des fachos ».

R.E. : Il y en avait quelques-uns...

F.R. : Bien sûr. Mais aussi beaucoup de Français sincèrement en colère.

R.E. : Personne n'en doute. Mais les antivaccins... Parce que les Gilets jaunes, c'est un mouvement complexe, disparate, etc.

F.R. : Il y a ceux qui manifestent avec leurs camions et leurs voitures, contre les hausses d'essence aussi. Oui, il y a ceux qui manifestent contre le passe vaccinal que nous avons combattu. Venons-en aux vaccins. La République a reculé. Je pense qu'elle a reculé parce qu'aujourd'hui beaucoup en France n'ont plus confiance dans la science, et c'est en cela que je dis que la République recule. Parce que la République, c'est faire en sorte que grâce au progrès scientifique, grâce aux vaccins notamment, l'État garantisse à chaque citoyen d'être équitablement protégé.

R.E. : Mais ce n'est pas la République qui a manqué à sa tâche. Si les gens ne croient plus en la science, c'est parce qu'ils ont les moyens numériques aujourd'hui de se forger une opinion délirante !

F.R. : En Espagne, sous Franco, on n'avait pas accès à la santé ni aux vaccins. J'ai eu un échange un jour avec le ministre communiste espagnol Enrique Santiago. Je lui demande comment ils font, en Espagne, pour ne pas avoir de mouvement antivax et pour avoir 95 % de leurs aînés vaccinés ? Il m'a répondu : « Fabien, nous, on a encore une histoire... Les Espagnols se souviennent que sous Franco ils n'avaient pas accès aux vaccins. Et quand la démocratie espagnole est née, la première chose que nous avons faite, c'est l'accès aux vaccins pour tous. Et les gens se ruent dans les campagnes, dans les villes, les familles, les mamans, leurs enfants vont se faire vacciner. Encore aujourd'hui, quand un vaccin arrive, on y va parce qu'on y a droit et que c'est gratuit. » En France, on a perdu ça.

R.E. : Le vaccin n'est pas payant ! Et l'on peut, certes, faire au pouvoir le procès d'être mauvais pédagogue en matière vaccinale. Mais on peut aussi considérer qu'il y a des gens qui, quels que soient les pédagogues, auront décidé de toute façon de ne pas se vacciner et appelleront ça « liberté ». Moi, c'est d'eux que je veux vous parler. Et du mésusage du mot « liberté ». Un communiste, j'imagine, n'envisage pas la liberté séparément des autres. Quand on est libre tout seul, alors que d'autres souffrent ou sont enfermés, on n'est pas vraiment libre. Dès lors, comment comprenez-vous ceux qui parlent de liberté aujourd'hui, alors que c'est une liberté dont l'exercice se ferait aux dépens de la santé des autres ?

F.R. : Il nous faut tenir les deux bouts, défendre les libertés individuelles, comme défendre les libertés collectives que nous établissons dans un cadre démocratique et souverain, et nous, nous tenons les deux bouts. Nous voulons les défendre à deux. Prenons l'exemple du vaccin contre le Covid. Est-ce que tout est mis en œuvre pour qu'il y ait la plus grande adhésion et la plus grande confiance dans ces vaccins ? Je dis non.

R.E. : Reste qu'en l'état des informations dont chacun dispose, ceux qui refusent de se faire vacciner sont parfaitement renseignés, s'ils le souhaitent, sur ce qu'ils font.

F.R. : J'aime en parler avec ceux qui sont réticents pour les convaincre. J'ai tenu, moi, des discours où je dis qu'il faut faire confiance à la science.

R.E. : Je sais bien. C'est pour ça que je vous pose la question.

F.R. : Je dis aussi qu'on n'est pas obligé de croire un seul scientifique, mais une communauté, un consensus scientifique.

R.E. : Oui, mais une fois que les gens ne vous ont pas cru, que faites-vous ?

F.R. : Je vous dis autre chose : on est face à une pandémie mondiale. On doit tous se battre ensemble contre cette pandémie. Ce n'est pas ce qui se fait aujourd'hui. Il y a des laboratoires pharmaceutiques qui jouent chacun dans leur couloir, et qui vendent chacun leurs vaccins. Et si on avait fait autrement ? Imaginons qu'une ONU ferme ait dit : « vous, les scientifiques de Pfizer, de Moderna, de Chine, de Spoutnik en Russie, rouges, blancs, jaunes, communistes, américains, je vous enferme là, ensemble, et vous allez me produire les meilleurs vaccins et ce seront les vaccins de l'humanité... »

R.E. : Une telle initiative n'eût pas dissipé le scepticisme vaccinal qui est indéracinable chez beaucoup de gens.

F.R. : Je ne crois pas du tout.

R.E. : Vous pensez sincèrement que la vaccinophobie est soluble dans une pédagogie publique et mondiale ?

F.R. : Je pense que l'on en aurait gagné beaucoup plus si on avait créé un consensus encore plus large autour de ces vaccins. Ça manque de transparence, au nom de la protection des recettes des formules. Mais ouvrons ces formules ! Pourquoi tous les médecins, pourquoi tous les scientifiques ne travaillent-ils pas sur les effets secondaires ? Il y a cent pays dans le monde qui demandent ça.

R.E. : Mais encore une fois, imaginons que dans un monde meilleur cette chose-là arrive, imaginons qu'il y ait une sorte de gouvernance mondiale vaccinale et que, enfin, le bien commun de l'humanité l'emporte sur les calculs d'intérêts des grands laboratoires. Il y aurait toujours une incompressible part de la population pour dire que jamais, à aucun prix, personne ne leur injectera dans les veines ce liquide pourri qui va probablement les pucer, etc. Que répondez-vous à celui qui dit : « c'est ma liberté de ne pas le vouloir » ? Est-ce que cet homme-là fait œuvre de liberté quand il s'oppose aux vaccins ?

F.R. : Aujourd'hui, oui.

R.E. : Mais c'est la liberté du renard dans le poulailler, ça ! C'est la liberté du plus fort ! La liberté du moins malade !

F.R. : En France et dans notre République et dans notre démocratie, aujourd'hui, il y a des vaccins obligatoires pour les enfants.

R.E. : Et cela ne vous paraît pas liberticide, n'est-ce pas ?

F.R. : Dans la mesure où on ne pique personne de force ! Ceux qui ne veulent pas que leurs enfants se fassent vacciner ne les mettent pas dans les écoles de la République.

R.E. : Est-ce de la liberté, ça ?

F.R. : C'est juste pour vous répondre qu'aujourd'hui personne n'est vacciné de force, avec quelque vaccin que ce soit. On peut espérer demain, pour lutter contre cette pandémie, avoir des vaccins toujours plus efficaces, parce qu'il faut les améliorer. Et pour ce faire, il faut mettre un maximum d'investissements publics dans la recherche, et produire autant de vaccins que possible, parce qu'on n'arrivera pas à éradiquer les variants. J'ai confiance qu'à terme, nous serons 99 % de vaccinés.

R.E. : Bien sûr, mais en disant tout cela, vous êtes à une altitude qui n'était pas la mienne. Que vous inspirent ces politiciens, de Philippot à Mélenchon, qui emboîtent le pas des « convois de la liberté » dans l'espoir de glaner quelques voix ou bien de percevoir les dividendes du mécontentement, alors que vous-même n'êtes pas de ceux qui jugeaient les « convoyeurs de la liberté » ? Qu'est-ce qui vous distingue de Mélenchon ou Quatennens, qui disent : « les "convois de la liberté", on les soutient ! »

F.R. : Même si je sais que je me suis fait critiquer quand j'ai dit qu'il fallait se faire vacciner, je dis encore dans les meetings qu'il faut se faire vacciner. Je suis un responsable politique qui ne fait pas siffler les vaccins dans ses meetings, mais qui dit, tout en tapant sur Pfizer et les actionnaires de BlackRock : « vaccinez-vous ». Je tiens un discours de responsabilité collective, de confiance en la science, d'investissement dans la recherche.

R.E. : Si vous étiez aux affaires en période de pandémie, imposeriez-vous le vaccin ?

F.R. : Bien compliqué, la manière dont on aurait pu gérer la pandémie. Certainement que pour certaines décisions, les confinements, les déconfinements, etc.

R.E. : Mais le vaccin, l'obligation vaccinale ?

F.R. : Il faut protéger la vie, protéger les gens. Ce que nous avons dit, c'est que, au lieu d'un passe vaccinal (qui est une forme d'obligation vaccinale déguisée), nous aurions mis plus de moyens pour convaincre les Français d'aller se faire vacciner, et en commençant par les plus fragiles, les plus âgés et les comorbidités. Et donc, nous aurions déployé des bataillons de médecins et d'infirmières, de personnels médicaux pour aller chez ces personnes. J'ai des exemples concrets. En fait, j'ai bâti ce discours en parlant avec les médecins qui sont sur le terrain. Ils reçoivent tous les ans la liste des femmes qui n'ont pas fait leur dépistage du cancer du sein. Ils reçoivent la liste des hommes et des femmes qui doivent faire le dépistage du cancer colorectal. Donc il y a des listes. Ça existe, ils les connaissent. Ce n'est pas l'étoile jaune ! C'est de la santé publique. Et avec ces listes, ils sont chargés, les médecins, dans leur territoire, de les appeler pour leur donner un rendez-vous pour le dépistage. Pourquoi ne l'a-t-on pas fait sur les vaccins ? Pourquoi n'a-t-on pas travaillé à ça pour convaincre ces personnes, qui parfois vivent dans des coins reculés, de se faire vacciner ? Moi, j'ai été visiter un centre de vaccination à Villejuif, ville communiste, et le maire a fait le choix d'installer un centre de vaccination au pied des tours.

R.E. : Mais, à Villejuif, il y avait aussi des gens qui restaient antivaccin malgré le centre de vaccination. Celui qui vous dit : « Je suis antivax, c'est ma liberté, vous ne pourrez pas me convaincre et, en gros, je vous emmerde... », qu'est-ce qu'on lui dit ? On le contraint ou pas, celui-là ? Est-ce qu'il est dangereux pour les autres ou pas ?

F.R. : Je vais vous dire : aujourd'hui, en l'état de nos connaissances, je ne suis pas pour l'obligation vaccinale.

R.E. : C'est tout ce que je vous demandais.

F.R. : J'appelle à ce que l'on continue de mettre le paquet sur la recherche et la production de vaccins toujours plus efficaces. Mais le jour où la communauté scientifique, réunie, dira : « on a trouvé la formule qui tue le virus (et qui ne se contente pas d'en atténuer les formes graves)... »

R.E. : Et donc, là, qu'est-ce qu'on fait ? On impose ?

F.R. : Ça vaudra le coup d'en débattre, mais je pourrais être pour l'obligation vaccinale. De la même manière que l'on a rendu obligatoires pour aller à l'école les vaccins contre la polio, contre l'hépatite, parce que ce sont des vaccins efficaces. Qui tuent la maladie, qui nous permettent de l'éradiquer de la planète. Le jour où on a le vaccin qui nous permettra d'éradiquer le Covid de la planète, eh bien, je serai pour l'obligation vaccinale. Le jour où on a le vaccin qui tue le sida, je serai pour que l'on puisse se protéger de cette maladie et que l'on se vaccine massivement.

R.E. : Est-ce qu'il n'y a pas une forme de mauvaise foi dans le fait de dire : « les gens voudraient bien se vacciner, le vrai problème, ce sont les capacités d'accueil, c'est la fermeture des lits, c'est la mauvaise gestion de l'hôpital public » ? Nul ne conteste que l'hôpital public soit en mauvaise santé lui-même et que ce soit un problème. Mais est-ce que la responsabilité de celui qui refuse de se vacciner est soluble dans le mauvais état de l'hôpital public ? À quel moment les gens sont-ils responsables de leurs décisions, à vos yeux ?

F.R. : Mais non. La question qui se pose est celle de la santé publique et de l'accès aux soins. On n'a jamais trié les malades. C'est le serment d'Hippocrate. Et jamais dans notre société, on a mis le doigt là-dedans. J'entends qu'on commence à le mettre avec cette pandémie et c'est grave.

R.E. : L'idée qu'on soignerait moins les gens qui ne se sont pas fait vacciner vous paraît inacceptable ?

F.R. : C'est comme décider de faire payer celui qui a un cancer du poumon alors qu'il a fumé toute sa vie parce qu'on lui disait que ce n'était pas bon. On va nous contrôler sur le nombre de verres d'alcool, comme sur ce que l'on va fumer...

R.E. : Pour savoir si on vous opère de votre cirrhose ou pas.

F.R. : Voilà, jamais on n'a conçu, en France et même dans beaucoup de pays, l'accès aux soins de cette manière-là ! Je refuse le jour où l'on utilisera les progrès numériques pour calculer le nombre de nos pas, le nombre d'exercices qu'on fait par jour, le nombre de protéines qu'on a mangées ou pas, pour déterminer le droit à une meilleure prise en charge. Ce serait horrible. Cette science-fiction à la Isaac Asimov, je n'en veux pas. Je veux l'accès aux soins pour tous, en créant une société de la confiance dans la science.

## *Le grand soir ?*

Raphaël Enthoven : J'ai une toute dernière question. Dans *L'Homme révolté*, Camus théorise la révolte comme une façon d'être intranquille, de ne jamais s'endormir sur une injustice, de ne jamais consentir à une injustice. Tel Romain Gary, qui parle du « sommeil du juste » en rappelant que le « juste » est précisément celui qui ne dort pas car son cœur est hanté par les énormes questions que le monde vient lui poser, Camus termine son texte en pointant deux dangers pour la révolte : le conservatisme, bien sûr, mais aussi la révolution. Parce que la révolution est un conservatisme renouvelé, alors que la flamme de la révolte, elle, doit rester vivace. Et Camus nous met en garde autant contre les esprits réactionnaires que contre ceux qui voudraient voir dans l'histoire une solution définitive aux problèmes de l'humanité et qui, par là même, demandent à l'histoire de prendre le dessus sur la nature, sinon la nature humaine. Et pour déployer cette ligne de crête de la révolte,

Camus parle d'amour. Il dit qu'on se révolte d'abord par amour. L'homme révolté dit oui avant de dire non. Et que cet amour est une limite pour lui parce qu'il l'oblige à donner des contours à un projet. Le rejet est infini. On peut « être contre » à l'infini, mais « être pour » impose de se donner la difficulté d'un projet, d'une adhésion précise. Et par là même, de renoncer à la radicalité. Qu'est-ce que vous inspire cette position camusienne classique ?

Fabien Roussel : Ça me donne envie de le relire.

R.E. : Ah, c'est magnifique.

F.R. : Je me retrouve dans beaucoup de choses.

R.E. : Justement, jusqu'où vous y retrouvez-vous ? Comprenez-vous cette formule : « La révolte, c'est l'intransigeance exténuante de la mesure » ?

F.R. : Je me retrouve totalement là-dedans. Il faudrait en travailler les détails et ce n'est pas le lieu de le faire ici, mais ce que je peux vous dire, c'est que moi non plus, je ne dors plus. Gary a raison, le sommeil du juste n'existe pas.

R.E. : Vous avez un mauvais sommeil ?

F.R. : Oui, parce que tous les soirs, je revis ce que j'ai vécu, ce que j'ai dit, mal dit, pas dit, ce que je n'ai pas fait, ce que j'aurais dû faire.

R.E. : Vous doutez ?

F.R. : Tout le temps. Je crois qu'il faut toujours douter.

R.E. : Mais ça vous empêche de dormir, je veux dire...

F.R. : Je suis pollué. J'ai la tête polluée par tout ça et je dors avec un papier, un crayon à côté. Il faut que je note quand une idée me vient, quand quelque chose que j'ai oublié de faire se rappelle à moi. Je redoute d'oublier. Le sommeil du juste n'existe pas. Parce que, quand on se bat pour la justice, on ne dort pas. On dort mal, très, très mal. Je ne suis pas non plus de ceux qui croient à une solution définitive.

R.E. : Vous ne croyez pas au grand soir ?

F.R. : La solution définitive, je n'y crois pas. Aucun des mots ne me convient... Je suis pour trouver des solutions, mais à condition de les construire. Je suis pour aller débattre, mais je refuse l'idée qu'il n'y ait qu'une seule solution, une solution définitive qui s'imposerait comme la meilleure. Je suis marxiste et donc dialecticien. Je crois à la construction et au mouvement collectif.

R.E. : Mais le mouvement lui-même ne connaît pas de fin. Votre horizon n'est pas celui d'une disparition définitive de la lutte des classes ?

F.R. : C'est pour ça que la formule « Le pouvoir au peuple » m'a toujours semblé suspecte. Comme si le peuple uni était une masse homogène. Comme si on pouvait dire : on ira tous dans une seule direction... Non, tout se construit, tout se nourrit et il n'y a pas de solution définitive. Oui, on se révolte d'abord par amour ; et il faut avoir beaucoup d'amour de l'autre. Il faut savoir le regarder dans les yeux, le toucher, le sentir. Moi, j'ai un rapport charnel avec les gens, vraiment. J'ai besoin de les voir, de les toucher, de vivre avec eux.

R.E. : Leur expérience est-elle intégrée dans le projet que vous construisez ?

F.R. : Quand je descends d'une scène, d'un meeting, je ne veux personne autour de moi qui mette les bras pour empêcher les gens de venir me voir. J'aime bien quand on me tire par la manche, quand on me prend le bras, quand on prend ma tête pour m'embrasser. Ça ne me dérange pas. La politique, ça doit se vivre charnellement, physiquement. J'ai ce rapport charnel et j'y tiens. Et ensuite je finirai là-dessus : je parle d'« amour » dans le sens où il ne peut pas y avoir d'excès, et il faut tout faire pour éviter les disputes. C'est une exigence. Dans un couple, on peut se disputer. Mais on doit tout faire pour faire retomber la tension. Parce qu'on aime. Et qu'on doit chercher le moyen de s'aimer de nouveau. En politique, je pense que c'est pareil. On doit aimer d'abord.

R.E. : Est-ce que ce n'est pas la faiblesse des Gilets jaunes, d'avoir commencé par détester ? Parce qu'on voyait des anarchistes, royalistes, communistes, antisémites, tous au même endroit, soudés par une détestation commune. Mais ça ne faisait pas un projet commun. Quand ils ont voulu faire un projet commun, ça n'a rien donné.

F.R. : Mais ils ont d'abord renoué avec une solidarité entre eux. Ils étaient chacun de leur côté...

R.E. : La fraternité des ronds-points ?

F.R. : Ils ont fraternisé sur les ronds-points, ils ont vécu des moments tellement riches d'humanité et de solidarité dans leur grande diversité et parfois avec des excès ! Mais c'était la solidarité d'abord. Un jour, Gustave Ansart (qui était un député communiste, un dirigeant du Parti communiste dans le Nord, député de Roubaix et ensuite député du Valenciennois où je suis élu) m'a dit : « La France n'est pas le pays de l'excès et des outrances. C'est le pays de la mesure et de la raison. » C'est la façon qu'il avait trouvée de dire aux communistes : rien ne sert de souffler sur des braises, rien ne sert d'être excessif. Ce n'est pas ça qui fera que l'on sera compris. La France, notre pays, le peuple de France, est aussi le pays de la mesure et de la raison, et il faut l'avoir en tête, être bienveillant, ne pas être excessif. Pour être complet.

# Table des matières

*Composition et mise en pages*
*Nord Compo à Villeneuve-d'Ascq*

Achevé d'imprimer en février 2022
sur les presses de Normandie Roto Impression s.a.s.
61250 Lonrai
N° d'impression : 2200995

*Imprimé en France*

PEFC
10-31-2541

Certifié PEFC

Ce produit est issu de
forêts gérées
durablement et de
sources contrôlées

www.pefc-france.org